Sabine Schuler · Christine Georg

*Das Ravensburger Buch
der Advents- und Weihnachtsgeschichten*

Das Ravensburger Buch der Advents- und Weihnachtsgeschichten

Herausgegeben von Sabine Schuler
Mit Bildern von Christine Georg

Ravensburger Buchverlag

Franz von Pocci

Winters Einzug

Nun zieht mit seiner ganzen Macht
Herr Winter wieder ein.
Vergangen ist der Fluren Pracht,
Erbleicht der Sonne Schein.

Weh uns! Schon naht der kalte Mann
Mit seinem weißen Bart!
Wer Arm' und Beine rühren kann,
Kommt, hemmet seine Fahrt! –

Schließt Tür und Tor und Fenster zu,
Und laßt ihn nicht herein,
Daß er uns nichts zu Leide tu!
Es friert ja Groß und Klein.

Gewaffnet ist der Kinder Schar,
Die ihm entgegentritt.
Was hilft's? Er kommt wie alle Jahr,
Bringt Schnee und Eis uns mit.

Bringt eine lange, lange Nacht
Und einen kurzen Tag.
Des Schneegestöbers Flockenjagd
Und noch so manche Plag'.

Doch kennt er viele Freuden auch,
Bringt neuer Märchen Traum,
Und hat – es ist sein alter Brauch,
Bei sich den Weihnachtsbaum.

Eisblumen malt ans Fenster er
In weißem Blütenkranz,
Die freuten uns noch immer sehr
Mit ihrem Zauberglanz.

Schneemänner gar und Blindemaus
Und Schattenspiel bei Licht:
Das bringt der Winter auch ins Haus;
Drum schmäht den Alten nicht!

Herein, herein denn, Wintermann!
Komm, setz dich zum Kamin!
Wärm deine kalten Hände dran
Und auf ein Märchen sinn! –

Erzähl es dann – wir hören zu,
Wir haben sorgsam acht,
Und ist es aus, gehn wir zur Ruh'
Und wünschen gute Nacht.

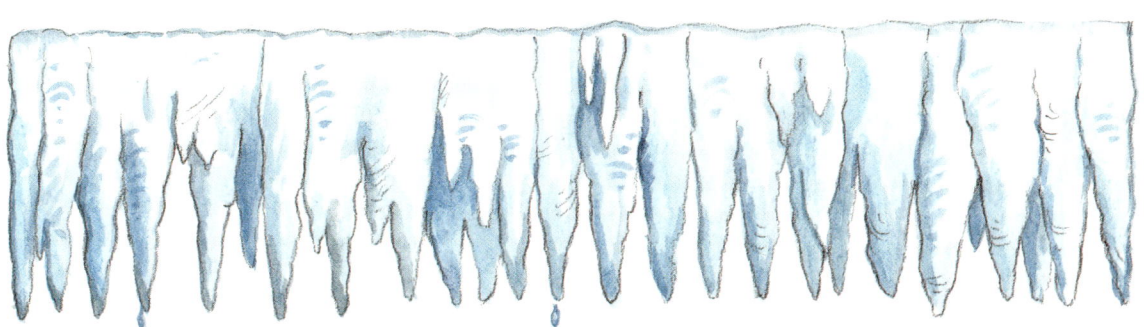

5

Fredrik Vahle

Die Geschichte vom kleinen Bären und von der langen, kalten Winternacht

Es war einmal ein kleiner Bär, der freute sich, daß es Sommer war und die Sonne schien. Die Fliegen flogen umher, die Bienen summten, und die Brummer brummten, und der kleine Bär brummte auch. Er brummte das Honiglied. Das brummte er am liebsten im Sommer, wenn die Sonne schien.

Aber der Sommer ging vorbei, und dann kam der Herbst. Der Wind wehte die Wolken über den Himmel und die Blätter von den Bäumen. Die Vögel hörten auf zu singen, flogen einfach weg, ließen sich nicht mehr blicken, und es wurde auch schon ein bißchen kalt.

Und dann kam der Winter. Die Erde wurde hart vom Frost. Es fing an zu schneien, und im Wald war es ganz still. Die Tage wurden immer kürzer, und die lange, kalte Winternacht wurde immer länger. Jeden Abend kam sie etwas früher über den Wald.

Da verkroch sich der kleine Bär in einem hohlen Baum und machte die Augen zu. Aber die lange, kalte Winternacht wurde trotzdem immer länger, und die Tage wurden immer kürzer, und die Sonne wurde immer schwächer.

Da bekam der kleine Bär eine große Wut. Er wartete hinter einem Baum, bis die lange, kalte Winternacht kam, und dann sprang er hervor und brummte so laut und böse, wie er nur konnte.

Aber die lange, kalte Winternacht ließ sich nicht verscheuchen. Sie wurde immer länger und kälter.

„Ich muß eine Fallgrube buddeln", sagte der kleine Bär.

Er buddelte den ganzen Tag, bis er eine tiefe Grube gebuddelt hatte. Die lange, kalte Winternacht kam. Aber sie ließ sich nicht einfangen. Sie wurde immer länger und kälter.

„Dann werde ich sie eben erschrecken", sagte der kleine Bär, „damit sie ein für allemal verschwindet."

Und der kleine Bär machte sich eine entsetzliche Geistermaske. Als die lange, kalte Winternacht kam, sprang er hervor und brummte fürchterlich.

Aber die lange, kalte Winternacht ließ sich nicht erschrecken. Sie wurde immer länger und kälter.

Doch der kleine Bär gab nicht auf.

„Ich werde noch mehr Lärm machen", sagte er, und er machte die fürchterlichsten Bärenbrummtöne und ein Getöse im Steinbruch, daß allen Tieren die Ohren weh taten. Der Dachs wurde wach und der Igel und das Eichhörnchen.

Auch der alte Bär wurde wach und brummte: „Was ist los?"

„Die lange, kalte Winternacht", sagte der kleine Bär. „Sie wird immer länger, und wenn sie noch länger wird, dann wird eines Tages die Sonne überhaupt nicht mehr scheinen, es wird ganz kalt, und wir werden alle erfrieren!"

„Aber das stimmt nicht", sagte der alte Bär. „Letztes Jahr war es ganz anders."

Mehr wußte er nicht, denn er war sehr vergeßlich.

Da fiel ihm ein, daß der Förster im letzten Jahr – gerade als die lange, kalte Winternacht am längsten und kältesten war – eine Tanne aus dem Wald geholt und ins Haus getragen hatte.

„Und dann hat der Baum geleuchtet", sagte der große Bär.

Aber mehr wußte er nicht, denn er war sehr vergeßlich.

Da wurde der kleine Bär neugierig, und sie gingen zum Försterhaus. Sie schauten beide zum Fenster hinein und sahen, daß ein Baum in der Stube stand. Es war eine ganz gewöhnliche Tanne, und sie leuchtete auch nicht. Alle im Haus bekamen einen großen Schreck, als die beiden Bären zum Fenster hineinguckten. Der Förster lief gleich in den Flur, um seine Flinte zu holen.

„Die wollen uns nicht haben", sagte der große Bär, und die beiden Bären liefen, so schnell sie konnten, in den Wald zurück.

„Aber den Weihnachtsmann haben sie letztes Jahr reingelassen, gerade als der Baum so schön leuchtete", sagte der große Bär.

Aber mehr wußte er nicht, denn er war sehr vergeßlich …

Da liefen die beiden Bären zum Weihnachtsmann.

„Wir möchten auch Weihnachtsmann sein und in das Försterhaus gehen und den leuchtenden Baum sehen."

Der Weihnachtsmann hatte so viel zu tun gehabt, daß er von der Arbeit ganz müde war. Deshalb sagte er: „Ihr könnt meine Arbeit eigentlich auch machen. Nehmt zwei von meinen Mänteln und zieht die Kapuzen tief ins Gesicht."

Da verkleideten sich die beiden Bären. Der große Bär war der Weihnachtsmann, der kleine Bär war der Knecht Ruprecht, und so liefen sie zum Försterhaus. Da sahen sie den leuchtenden Baum. Sie wurden hereingelassen, und die ganze Familie hat Lieder gesungen, und der Hund hat mitgeheult, und den beiden Bären wurde ganz warm ums Herz.

Mitten in der langen, kalten Winternacht stand da ein Baum und leuchtete. Die Bären konnten es kaum fassen. Sie brummten die Lieder mit und stellten

den Sack mit den Geschenken vor den Weihnachtsbaum, und dann verschwanden sie wieder.

„Vielleicht macht der leuchtende Baum alles wieder gut. Vielleicht bedeutet er, daß das Licht und die Wärme nicht sterben", dachte der kleine Bär.

Und tatsächlich, von dem Tage an wurde die lange, kalte Winternacht kürzer, und die Tage wurden länger. Die Sonne schien immer mehr, und der kleine Bär brummte das Honiglied. Denn das brummt er am liebsten, besonders, wenn die Sonne scheint.

Mascha Kaléko

Der Winter

Die Pelzkappe voll mit schneeigen Tupfen,
behäng ich die Bäume mit hellem Kristall.
Ich bringe die Weihnacht und bringe den Schnupfen,
Silvester und Halsweh und Karneval.
Ich komme mit Schlitten aus Nord und Nord-Ost.
– Gestatten Sie: Winter. Mit Vornamen: Frost.

Christine Busta

Für den Winterabend

Wenn der Mondmann geht ums Haus,
weht der Schnee bald leiser,
nur die rote Feuermaus
huscht noch durch die Reiser.
Leiser als die Spinne spinnt,
webt im Ofenloch der Wind
Träume schon für Vater,
Mutter, Kind und Kater.

Eduard Ebel

Leise rieselt der Schnee

1. Lei - se rie - selt der Schnee, — still und starr ruht der
See; — weih - nacht - lich glän - zet der Wald: —
1. – 3. Freu - e dich, Christ - kind kommt bald. — bald. —

2. In den Herzen ist's warm,
   still schweigt Kummer und Harm,
   Sorge des Lebens verhallt:
   Freue dich, Christkind kommt bald.

3. Bald ist Heilige Nacht,
   Chor der Engel erwacht,
   hört nur, wie lieblich es schallt:
   Freue dich, Christkind kommt bald.

Melodie: Eduard Ebel

Otfried Preußler

Gute Nacht, kleiner Wassermann!

Die Tage vergingen, das Jahr wurde älter und älter. Schon waren die Bäume entblättert, es regnete oft, immer seltener kamen die Freunde zum Mühlenweiher. Und wenn sie es doch einmal wagten, so trugen sie lange Strümpfe und Wettermäntel. Der kleine Wassermann wartete häufig vergebens auf sie.

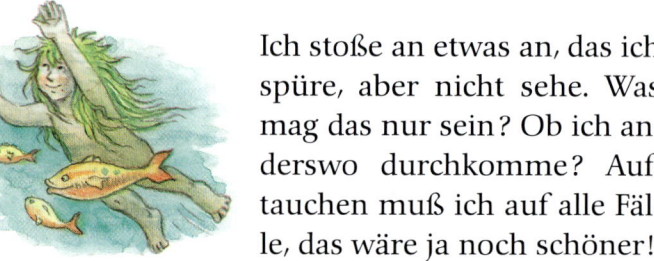

Eines Morgens schien oben nach langer Zeit wieder die Sonne. Das merkte der kleine Wassermann, als er zum Fenster hinaussah. Das Wasser war hell und klar wie seit Tagen nicht mehr. Da dachte der Junge: Heute kommen sie ganz bestimmt! Und er freute sich sehr auf das Wiedersehen mit ihnen.

Er konnte nicht wissen, was über Nacht mit dem Mühlenweiher geschehen war. Ahnungslos zog er sich an, aß sein Frühstück und machte sich auf, um ans Ufer zu schwimmen. Er wollte sich dort, wie es seine Gewohnheit war, in die Zweige der alten Weide setzen und Ausschau halten. Wenn er die Freunde dann kommen sah, wollte er winken.

Er dachte sich gar nichts Besonderes, als er emportauchte. Aber da stieß er auf einmal mit seiner Nase an etwas sehr Hartes und Kaltes. Es war ihm nicht möglich, den Kopf aus dem Wasser zu stecken.

Das ist aber sonderbar! sagte er sich.

Ich stoße an etwas an, das ich spüre, aber nicht sehe. Was mag das nur sein? Ob ich anderswo durchkomme? Auftauchen muß ich auf alle Fälle, das wäre ja noch schöner!

Aber sooft es der Wassermannjunge versuchte, es ging nicht. Der ganze Weiher war wie mit Glas überzogen. Da mußte der kleine Wassermann einsehen, daß er nichts ausrichten konnte.

Nachdenklich schwamm er nach Hause.

„So, so", sprach der Wassermannvater, als ihm der Junge von seiner Entdeckung berichtet hatte. „Dann wären wir also schon wieder soweit. Es wird Winter, der Weiher ist zugefroren. Nun heißt es ins Bett gehen, ja, und die Decke über die Ohren ziehen – und schlafen."

„Aber wir sind doch gerade erst aufgestanden", sagte der Wassermannjunge.

„Das ändert nichts", sagte der Vater. „Die Zeit ist nun einmal gekommen, da muß sich ein Wassermann fügen. Im Winter verpaßt man ja sowieso nichts. Und wenn es Frühling wird, weckt uns die Sonne schon rechtzeitig wieder auf."

„Weißt du das sicher?" fragte der kleine Wassermann.

„Ja", sprach der Vater, „das weiß ich. Ich weiß das so sicher, wie du mein Junge bist. Komm, und nun legst du dich nieder, die Mutter hat schon die Betten gerichtet."

Der kleine Wassermann folgte und ging in die Schlafstube. Weil er auf einmal sehr müde war, half ihm die Mutter beim Ausziehen. Als er dann glücklich im Bett lag, gab ihm der Vater noch einmal die Hand und nickte ihm freundlich zu.

„Bis zum Frühjahr!" sagte der Wassermannvater.

„Ja, bis zum Frühjahr…" sprach ihm der kleine Wassermann nach. „Bis … zum … Früh…jahr…"

Er dachte an seine Freunde, er dachte an alles, was er bis heute erlebt hatte. Wie er zum erstenmal mit dem Vater quer durch den Weiher geschwommen war, wie sie im Schlingpflanzendickicht Verstecken gespielt hatten, wie er danach auf dem Rücken des Karpfens Cyprinus zurückreiten durfte. Die Fahrt mit dem hölzernen Kasten – die Rutschpartie übers Mühlenrad – und die silberne Mondnacht am Ufer…

Sehr schön war das alles gewesen, so schön, daß sich gut und gern einen Winter lang davon träumen ließ.

„Gute Nacht, kleiner Wassermann!" hörte er jemanden sagen.

Die Stimme schien weit aus der Ferne zu kommen. Wer war das, der da gesprochen hatte? Es war eine gute Stimme, er kannte sie.

„Gute Nacht, kleiner Wassermann!" sagte die Stimme noch einmal. – Da wußte der kleine Wassermann, daß es die Stimme der Mutter gewesen war. Und er freute sich, daß er die Mutter noch einmal gehört hatte, ehe er vollends hinüberschlief – in den traumhellen Wassermannswinter.

Hans Baumann

Igelspaziergang im Winter

Der Igel wird im Winter wach
und überlegt: Ich seh mal nach,
ob mir die Welt
auch im Winter gefällt!

Er kriecht aus seinem Versteck – o weh,
auf Schritt und Tritt nur Schnee!
Versteckt ist alles Gras,
der See so glatt wie Glas.

Da sieht der Igel
sich selber im Spiegel.
Er sagt: „Lohnt nicht, sich anzusehn,
will lieber wieder schlafen gehn."

Christian Morgenstern

Wenn es Winter wird

Der See hat eine Haut bekommen,
so daß man fast drauf gehen kann,
und kommt ein großer Fisch geschwommen,
so stößt er mit der Nase an.

Und nimmst du einen Kieselstein
und wirfst ihn drauf, so macht es klirr
und titscher – titscher – titscher – dirr ...
Heißa, du lustiger Kieselstein!
Er zwitschert wie ein Vögelein
und tut als wie ein Schwälblein fliegen –
doch endlich bleibt mein Kieselstein
ganz weit, ganz weit auf dem See draußen liegen.

Da kommen die Fische haufenweis
und schaun durch das klare Fenster von Eis
und denken, der Stein wär etwas zum Essen;
doch so sehr sie die Nase ans Eis auch pressen,
das Eis ist zu dick, das Eis ist zu alt,
sie machen sich nur die Nase kalt.

Aber bald, aber bald
werden wir selbst auf eignen Sohlen
hinausgehn können und den Stein wieder holen.

Schneeflöckchen, Weißröckchen

1. Schnee - flöck - chen, Weiß - röck - chen, wann kommst du ge -
schneit? Du wohnst in den Wol - ken, dein Weg ist so weit.

2. Komm, setz dich ans Fenster,
du lieblicher Stern,
malst Blumen und Blätter,
wir haben dich gern.

3. Schneeflöckchen, du deckst uns
die Blümelein zu,
dann schlafen sie sicher
in himmlischer Ruh.

4. Schneeflöckchen, Weißröckchen,
komm zu uns ins Tal,
dann baun wir den Schneemann
und werfen den Ball.

Katrin Arnold

Es schneit

Merkst du?
Fühlst du?
Riechst du?
Es schneit!

Ein Stern schwebt herab
und noch ein Stern –
Schneeflocken sind wie Sterne.
Es schneit!

Lauf in die weiße Welt –
schau,
was vom Himmel fällt.
Es schneit!

Da sind deine Spuren.
Ist die Straße glatt?
Lach,
wenn's dich hingeschmissen hat!

Der Dame
platzt Heiners Schneeball am Hut.
Zum Rodeln
hat Markus als erster den Mut.

Sabine schleppt schon ihre Ski herbei –
o je,
der Schnee
wird schnell zu Brei.

Den winzigen Schneewicht
hat Petra gebaut.
Er freut sich des Lebens,
solang er nicht taut.

Eva Marder

Der kleine Straßenkehrer und das Engelshaar

In der Nacht war Schnee gefallen, und dann hatte es gefroren. Der kleine Straßenkehrer zog sich wärmer an als sonst: mit der roten Pudelmütze, dem langen blauen Wollschal und den dicken roten Handschuhen. Leider hatten die Motten große Löcher hineingefressen; so schauten an beiden Händen der Daumen und der Zeigefinger heraus und an der linken Hand auch noch der kleine Finger. Traurig betrachtete der kleine Straßenkehrer die nackten Finger, während er zur Winterstraße ging. Heute brauchte er noch keine Schneeschaufel, aber wenn es weiter schneite, würde er mit dem Besen allein nicht mehr auskommen. Während er so die Straße kehrte, sah er auf einmal etwas im Schnee glitzern, etwas Silbernes. Zwar leuchtete der Schnee in den ersten Sonnenstrahlen selber wie Silber, aber das Etwas glitzerte noch viel heller.

Es war ein langer, silberner Faden, den der kleine Straßenkehrer aufhob. „Engelshaar", sagte er andächtig, „das Haar von einem Engel!" Und er wickelte das schimmernde Haar um seinen linken Zeigefinger, der am meisten fror.

Das Engelshaar sah wunderhübsch aus – und es wärmte! Nicht nur der Zeigefinger wurde warm, sondern die ganze linke Hand.

„Guten Morgen, kleiner Straßenkehrer", rief Fräulein Wunderlich, vor deren Garten er das Engelshaar gefunden hatte.

Sie war zu ihrem Vogelhäuschen unterwegs, um den Meisen und Spatzen Futter zu bringen. „Was hast du da Hübsches am Finger?"

„Engelshaar", sagte der kleine Straßenkehrer stolz. „Jetzt macht es mir überhaupt nichts mehr aus, daß meine Handschuhe Löcher haben." Fräulein Wunderlich lächelte ihm freundlich zu. Dann ging sie ins Haus zurück, holte rote Wolle und fünf Stricknadeln aus der Schublade und fing an, dem kleinen Straßenkehrer neue Handschuhe zu stricken. Sicher hat das der Engel so gemeint, dachte sie, als er sein Haar gerade vor meinem Garten ablegte.

Inzwischen kehrte der kleine Straßenkehrer weiter die Winterstraße. Ab und zu blieb er stehen und betrachtete glücklich seinen linken Zeigefinger.

Da kam die alte Zeitungsfrau. Sie trug ihre Hände in die Schürze gewickelt, weil sie ihre Handschuhe verloren hatte.

„Frierst du?" fragte der kleine Straßenkehrer.
Die alte Zeitungsfrau nickte.
Der kleine Straßenkehrer zögerte einen
Augenblick, dann löste er das Engelshaar von seinem linken Zeigefinger
und gab es der Zeitungsfrau.
„Du mußt es um eine Hand wickeln",
sagte er, „dann frierst du nicht mehr."
Und merkwürdig! Nicht nur die Hände
der alten Zeitungsfrau wurden warm –
auch die des kleinen Straßenkehrers
blieben es, ja, sie wurden sogar wärmer,
als sie gewesen waren.
Engelshaar hat eben wunderbare Kraft,
vor allem in der Vorweihnachtszeit!

Josef Guggenmos

Ich male mir den Winter

Ich male ein Bild,
ein schönes Bild,
ich male mir den Winter.
Weiß ist das Land,
schwarz ist der Baum,
grau ist der Himmel dahinter.

Sonst ist da nichts,
da ist nirgends was,
da ist weit und breit nichts zu sehen.
Nur auf dem Baum,
auf dem schwarzen Baum
hocken zwei schwarze Krähen.

Aber die Krähen,
was tun die zwei,
was tun die zwei auf den Zweigen?
Sie sitzen dort
und fliegen nicht fort.
Sie frieren nur und schweigen.

Wer mein Bild besieht,
wie's da Winter ist,
wird den Winter durch und durch
spüren.
Der zieht einen dicken Pullover an
vor lauter Zittern und Frieren.

16

Kling, Glöckchen, kling

1. Kling, Glöck-chen, klin-ge-lin-ge-ling, kling, Glöck-chen, kling!

Laßt mich ein, ihr Kin-der, 's ist so kalt der Win-ter,

öff-net mir die Tü-ren, laßt mich nicht er-frie-ren!

1.–2. Kling, Glöck-chen, klin-ge-lin-ge-ling, kling, Glöck-chen, kling!

2. Kling, Glöckchen, klingelingeling,
kling, Glöckchen, kling!
Mädchen, hört, und Bübchen,
macht mir auf das Stübchen,
bring' euch viele Gaben,
sollt euch dran erlaben.
Kling, Glöckchen, klingelingeling,
kling, Glöckchen, kling.

Wilhelm Nünnerich

Eisblumen

Es war alles ganz schnell gegangen. Die Tage waren auf einmal viel kürzer, und über Nacht war es kalt geworden. Das Vogelnest hing verlassen im alten Kastanienbaum, und nichts erinnerte mehr daran, daß vor kurzem noch eine fröhliche Vogelfamilie dort gewohnt hatte. Die Bäume hatten ihre letzten Blätter abgeworfen, und die Blumen – ja, das war so eine Sache. Denn während die Blumen im Haus noch alle vollzählig in ihren Töpfen standen, waren sie im Garten alle ratzekahl weg. Und das war ja wohl komisch.

Doch genau an dem Morgen, als Philipp und der kleine Bär überhaupt keine Ahnung mehr hatten, wo die Blumen nun abgeblieben sein könnten, da machte Philipp eine wirklich außergewöhnliche Entdeckung.

Eigentlich war er ja nur in den Garten geschlichen, weil es da ganz verdächtig geknackt hatte. Und das mußte sofort überprüft werden. Doch als er um die eine Hausecke bog und rein zufällig mal nach unten sah, glaubte er seinen Augen nicht zu trauen. Da war doch tatsächlich die gesamte Kellerfensterscheibe über und über mit den schönsten weißen Blumen bedeckt, und die schienen direkt aus dem Holzrahmen herausgewachsen zu sein.

Da stürmte Philipp wie ein Wirbelwind ins Haus und rief: „Mami! Kleiner Bär! Ich hab sie gefunden! Die Blumen sind alle ins Haus gezogen! Jetzt sind sie im Keller."

Ja, und als die Mutter dann kam, um zu sehen, was Philipp da gefunden hatte, da staunte sie erst mal über die wunderschönen Blumen. Doch dann sagte sie ihm, daß er da ganz besondere Blumen entdeckt hatte. „Das sind nämlich Eisblumen", sagte sie, „und das sind genau die Blumen, die der Winter mit sich bringt. Die gibt es nur zu dieser Jahreszeit." Und dann erzählte sie Philipp vom Winter. Davon, daß es dann friert und daß es dann schneit und daß es dann kalt ist. Und auch davon, daß sich die Natur zu dieser Zeit ausruht, um Kraft zu sammeln. Ja, und damit löste sich auch das Rätsel, wo die Blumen geblieben waren. Die hatten sich nämlich ganz einfach in die Erde zurückgezogen und schliefen da, bis es im Frühling wieder wärmer werden würde. Und Philipp faßte sich an den Kopf und fragte sich, warum er da denn nicht von allein draufgekommen war.

Dann nahm er die Mutter sachte bei der Hand, und sie gingen leise, so leise wie möglich, wieder ins Haus. Damit die Blumen nicht wach wurden. Deswegen.

Robert Reinick

Der Schneemann auf der Straße

1. Der Schnee-mann auf der Stra-ße trägt ei-nen wei-ßen Rock, hat
ei-ne ro-te Na-se und ei-nen di-cken Stock.

2. Er rührt sich nicht vom Flecke,
   auch wenn es stürmt und schneit.
   Stumm steht er an der Ecke
   zur kalten Winterszeit.

3. Doch tropft es von den Dächern
   im ersten Sonnenschein,
   da fängt er an zu laufen,
   und niemand holt ihn ein.

Melodie: Dorothée Kreusch-Jacob

Fredrik Vahle

Schnee

Wenn der Winterwind durch die Wolken weht,
dann fangen die Wolken zu frieren an
und zittern vor Kälte und schütteln sich
und finden keine Ruhe und dann …

Dann wirbelt es unaufhörlich nach unten,
dann schwebt überm Haus, dem Wald und dem See
ein federleichtes Flockengewimmel,
und wenn es am Boden liegt, nennt man es Schnee.

Der Kohlenhaufen ist plötzlich weiß,
und die Pfütze ist zugefroren,
und der Zaunpfahl hat eine Mütze auf
bis über beide Ohren.

Die grünen Tannenbäume erst,
die drei großen hinter den Wiesen,
die sehen jetzt alle genauso aus
wie schneepelzbehangene Riesen.

Nur einer, der ist ganz aus Schnee,
den haben wir selbst gebaut.
Der hat wie wir in die Winterwelt
rotnäsig und froh geschaut.

Josef Guggenmos

Warum es
keine Weihnachtslärche gibt

„Herbst, was hast du uns mitgebracht?" riefen die Bäume.
„Mitgebracht?" brummte der Herbst.
„Die anderen Jahreszeiten haben uns die schönsten Dinge geschenkt!" schallte es von allen Seiten.
„Der Frühling hat uns allen herrliche grüne Kleider gegeben!"
„Dazu hat er uns mit schneeweißen Blüten überschüttet!" riefen Birnbaum, Kirschbaum und Pflaumenbaum.
„Mich hat er mit rosafarbenen Blüten geschmückt!" rief der Apfelbaum.
„Mir hat er tausend rote Blütenkätzchen geschenkt!" rief die Fichte.
„Mir hat er auf jeden Zweig prächtige Blütenkerzen gesteckt!" rief die Kastanie.
„Und der Sommer!" riefen die Bäume.
„Der Sommer hat uns Früchte gegeben!"
„Mich hat er mit blauen, weiß bereiften Kugeln behängt!" rief der Pflaumenbaum.
„Mich mit wunderhübschen roten!" rief der Kirschbaum.
„Uns hat er große, saftige Früchte beschert!" riefen Birnbaum und Apfelbaum.
„Mir hat er zierliche Zapfen auf die Zweige gesteckt!" rief die Lärche.

Die Bäume konnten nicht genug den Frühling und den Sommer loben. „Und du, Herbst", riefen sie, „du nimmst uns die Früchte! Und was gibst du uns dafür?"
„Ich habe nichts mitgebracht. Ich kann euch nichts geben", brummte der Herbst. „Ihr habt eure grünen Kleider noch, seid zufrieden!"
„Ach, unsere grünen Kleider", hieß es. „An denen haben wir uns längst satt gesehen!"
Die Bäume standen still und traurig, bis sich eine helle Stimme vernehmen ließ: „Kannst du uns nicht wenigstens die Kleider färben? Ich wünsche mir ein goldenes!"
Alle schauten auf die Birke, die gesprochen hatte. Dann brach ein Sturm los: „Herbst, du mußt uns die Kleider färben!"
„Ich wünsche mir ein rotes Kleid!" rief der Kirschbaum.
„Ich ein braunes!" rief die Eiche.
„Ich ein violettes!" rief die Tanne.
„Ich ein ockerfarbenes!" rief die Lärche.
„Ich ein buntes!" rief der Ahorn.
Der Herbst schüttelte sein Haupt. „Ich würde euch gerne den Gefallen tun", sagte er. „Aber was würde der Winter dazu sagen, wenn er kommt? Er würde

toben! Ich kenne ihn: Er ist für das Schlichte, alles Buntscheckige ist ihm verhaßt. Nein, es kann nicht sein!"

„Oh, du willst nur nicht!" klagten die Bäume. „Der Winter hat gewiß nichts dagegen, wenn wir bunte Kleider tragen!"

„Wir können ihn ja fragen", entschied der Herbst. Und er befahl dem Wind, eilig zum Winter zu laufen.

Bis zum Winter war es ein weiter Weg. Der Wind rannte durch die Straßen der Dörfer und Städte, über die Fluren, durch die Täler, über die Höhen.

Keuchend kehrte er zurück. „Der Winter ist außer sich", berichtete er. „Er droht, allen Bäumen den Kragen umzudrehen, wenn er jeden in einem andersfarbigen Kleid vorfindet."

Die Bäume steckten die Köpfe zusammen. Schließlich machten sie dem Herbst einen Vorschlag: „Gib unsern Blättern und Nadeln schöne Farben! Wir versprechen dir, sie alle abzuwerfen, ehe der Winter kommt, dann hat er keinen Grund, sich zu beschweren. Der Frühling gibt uns später wieder neue Kleider."

„Hm", meinte der Herbst, „dann steht ihr ja alle kahl da, wenn der Winter kommt. Ob er damit einverstanden sein wird? Ich glaube kaum. – Lauf, Wind, und frage ihn."

Der Wind stöhnte, weil er den weiten Weg noch einmal machen mußte. Fauchend und heulend fuhr er über das Land, bis er dorthin gelangte, wo der Winter wohnte.

Der Winter erklärte: „Wenn den Bäumen so viel an bunten Kleidern gelegen ist, sollen sie ihre Freude haben! Aber ein Teil von ihnen muß grün bleiben. Ich will an Weihnachten nicht nur kahle Zweige sehen! Wind, höre gut zu, was ich dir sage! Die Laubbäume können sich ihr Laub vom Herbst färben lassen, wenn sie wollen; sie müssen es nur abgeworfen haben, bis ich komme. Die vier Nadelbäume aber – hast du verstanden? –, die vier Nadelbäume müssen grün bleiben. Wehe dir, wenn du meinen Befehl nicht ordentlich weitergibst!"

Der Wind, den schon der Herbst so viel herumgeschickt hatte, wollte wenigstens zur Zeit des Winters seine Ruhe haben. Er nahm sich daher vor, seine Botschaft an die vier Nadelbäume genau auszurichten. Als er zurückkam, rief er sogleich:

„Fichten, Tannen, Kiefern, Föhren, ihr vier habt mir zuzuhören! Bleibet grün, so wie ihr seid, grün, grün, grasgrün allezeit! Dieses muß ich euch berichten, Tannen, Kiefern, Föhren, Fichten!"

Der Wind war überzeugt, seine Sache gut gemacht zu haben. Doch als der Winter kam und sich umschaute, da verfinsterte sich sein Gesicht. Er brüllte: „Wind, was habe ich dir aufgetragen?" und zeigte auf die Lärche, die mit kahlen Zweigen dastand. Unter ihr lagen die ockerfarbenen Nadeln verstreut, die sie abgeworfen hatte, wie die Laubbäume ihr Laub.

„Aber ich habe doch ausdrücklich allen vier Nadelbäumen befohlen", stotterte der Wind, „der Fichte, der Tanne, der Kiefer, der Föhre …"

„Und die Lärche?" brüllte der Winter.

Da ging dem Wind plötzlich ein Licht auf: Er hatte die Kiefer, die auch Föhre heißt, zweimal genannt und die Lärche vergessen …

Ja, hätte der Wind damals nicht einen Fehler gemacht, könnten wir uns als Weihnachtsbaum eine kleine Lärche statt der Fichte oder Tanne ins Zimmer holen.

Aber seien wir dem Wind nicht auch noch böse. Er ist bestraft genug. Hört nur, wie ihn der Winter draußen durch die Gegend jagt!

Gustav Sichelschmidt

Dezember

Der Zeiger dreht sich unverwandt.
Geht alles nun zu End.
Schon führt der Winter hierzuland
sein strenges Regiment.

Es knirscht der Schnee. Es klirrt das Eis.
Bald ist das Jahr herum,
und durch die Gassen geht schon leis
das liebe Christkind um.

Das Jahr ist müd, will schlafen gehn,
möcht endlich seine Ruh,
hat viel gehört, hat viel gesehn
und zieht den Vorhang zu.

Maria Ferschl

Wir sagen euch an den lieben Advent

1. Wir sagen euch an den lieben Advent.
Wir sagen euch an eine heilige Zeit.
Sehet, die erste Kerze brennt!
Machet dem Herrn die Wege bereit!
Freut euch, ihr Christen, freuet euch sehr!
Schon ist nahe der Herr!

2.
Wir sagen euch an den lieben Advent.
Sehet, die zweite Kerze brennt.
So nehmet euch eins um das andere an,
wie auch der Herr an uns getan!
Freut euch, ihr Christen …

3.
Wir sagen euch an den lieben Advent.
Sehet, die dritte Kerze brennt.
Nun tragt eurer Güte hellen Schein
weit in die dunkle Welt hinein.
Freut euch, ihr Christen …

4.
Wir sagen euch an den lieben Advent.
Sehet, die vierte Kerze brennt.
Gott selber wird kommen, er zögert nicht.
Auf, auf, ihr Herzen, und werdet licht.
Freut euch, ihr Christen …

Melodie: Heinrich Rohr

Mira Lobe

Ronnis allererster Advent

Draußen war graues Novemberwetter. Keine Spur von Schnee. Der bunte Adventskalender hing an der Wand, und Ronni klappte das erste Fenster auf. Dafür durfte Gisela das erste Licht anzünden. Als ob es nicht auch einmal umgekehrt sein könnte! dachte Ronni. Als ob ich nicht längst mit Streichhölzern umgehen kann und Kerzen anzünden – und all so was! Aber nein: Gisela ist die große Schwester, und ich bin und bleib der Kleine! Manchmal hätte er wirklich zerspringen können vor Zorn.

Der Vater räusperte sich feierlich und stimmte ein Adventslied an: „Leise rieselt der Schnee ...“

Die Mutter und Gisela sangen mit.

„Rieselt ja gar nicht!“ brummte Ronni dazwischen.

Der Vater warf ihm einen strengen Blick zu, die Mutter einen vorwurfsvoll-bittenden, machten aber gleich wieder fromme Gesichter und sangen weiter, in der Hoffnung, daß auch Ronni ein frommes Gesicht machen und mitsingen würde.

Als nächstes kam „Tochter Zion, freue dich!“ dran. Ronni wartete den Schluß ab und fragte, ob dieser Zion eigentlich nur eine Tochter gehabt hätte und keinen Sohn, der sich bestimmt genausogern freuen würde.

Gisela verdrehte die Augen: „Jetzt fängt der Ronni wieder mit seiner Fragerei an!“

„Wer nicht fragt ...“ rief Ronni und wollte den schönen Satz sagen, mit dem die Lehrerin am ersten Schultag die Kinder ermuntert hatte: Wenn ihr etwas nicht wißt, dann fragt! Wer nicht fragt, der bleibt dumm.

„Wer nicht fragt ...“ rief er also, aber der Vater unterbrach ihn: „Wollt ihr singen oder streiten, ihr zwei? Ich dachte, wir feiern den ersten Advent?!“

Die Mutter nickte zustimmend und fing das nächste Lied an: „Kling, Glöckchen, klingelingeling ...“ Sie hatte eine hohe Stimme, und der Vater fiel mit seiner tiefen ein: „Ist so kalt der Winter, laßt mich ein, ihr Kinder.“ Bei der Zeile: „Öffnet mir die Türen ...“ rüttelte es draußen an der Tür, aber nicht das Christkind wollte hereingelassen werden, sondern Mirko, der Kater. Mit hocherhobenem Schwanz spazierte er ins Zimmer und sprang sofort auf Ronnis Schoß. Dort war sein Lieblingsplatz; und von dort rührte er sich auch nicht mehr weg, bis alle Lieder gesungen waren und die Kerze fast heruntergebrannt war.

Zwei Tage später machte Ronni am Morgen das dritte bunte Fenster auf. Alles andere war wie sonst: ein gewöhnlicher Wochentag mit Schule und Hausaufgaben und Karotten zum Mittagessen, die Ronni nicht mochte. Mit den Aufgaben war er schnell fertig; in der Ersten bekamen sie noch nicht viel auf. Nur ein paar Sätze mit Mama, Papa, Oma, Opa. „Der Papa ist im Haus. Die Mama ist im Haus. Der Opa ist im Haus. Die Oma ist im Haus." Das gleiche noch einmal mit „Hof". „Der Papa ist im Hof." Er klappte das Heft zu.

„Du hast es gut!" sagte Gisela neidisch. „Ich muß noch Latein machen und Vokabeln lernen und …"

„Möchtest du lieber noch mal in die Erste gehen?" fragte Ronni.

„Nein. Den ganzen Zirkus von vorne? Das fehlte noch." Gisela schüttelte sich. „Und jetzt laß mich in Ruhe, Ronni. Immer fängst du mit deinem Gefrage an …"

Ronni hätte erwidern können, daß nicht er angefangen hatte, sondern *sie*. Doch er schwieg und setzte sich auf den Tisch neben den Ständer mit dem Adventskranz, der an seinen roten Bändern hing. Wenn man den Kranz anstupste, dann schaukelte er leise hin und her. Mirko hob die Pfote und wollte auch stupsen, aber er traute sich nicht, aus Angst vor den spitzen, grünen Nadeln.

„Advent …" sagte Ronni halblaut, „Ad-vent …? Was heißt denn das überhaupt?"

Gisela fuhr ihn an: „Ronald, du störst mich. Wie oft soll ich dir noch sagen, daß ich lernen muß!"

„Ich will ja nur wissen, was das für ein Wort ist: Advent. Wenn du schon so viel lernst und so schlau bist, dann sag's mir doch. Aber du weißt es halt auch nicht."

„Doch weiß ich's: ‚Herankommen, sich nähern'. Advenio – ich komme heran, adveni – ich kam heran, adventus, a, um – ich bin herangekommen."

„*Du* doch nicht!" widersprach Ronni. „Weihnachten kommt heran. Josef und Maria kommen heran – nach Bethlehem, zum Stall, wo das Kind geboren wird. Aber erst am Heiligen Abend – und der ist noch weit, und das ist ein Glück! Weil ich nämlich noch gar nicht weiß, was ich den Eltern schenken soll. Und was du dir wünschst, weiß ich auch nicht."

„Ich wünsche mir, daß du mich in Ruhe läßt."

Für ein paar Minuten war es still im Zimmer. Mirko lag zusammengerollt auf Ronnis Knien und ließ sich sein schwarzes Fell streicheln. Aus schmalen Augen blinzelte er schläfrig vor sich hin und schnurrte.

„Der erste Advent …" sagte Ronni in die Stille hinein.

„Der war vorgestern! Ronald, ich warne dich!" Gisela zielte mit dem Radiergummi nach ihm.

„Den meine ich aber nicht – den von vorgestern. Ich meine den allerallerersten Advent, den von damals in Bethlehem. Glaubst du, daß sie es alle gewußt haben, daß etwas herankommt? Etwas Schönes – und daß sie sich darauf gefreut haben, so wie wir uns freuen?"

„Wer denn: ‚alle'?" fragte Gisela. „Josef

und Maria haben es natürlich gewußt …"

Ronni lachte: „Na klar haben die's gewußt! Vater und Mutter werden doch wohl wissen, daß sie ein Kind kriegen. Und der Engel hat's gewußt, du weißt schon, der es den Hirten kundgemacht hat …"

Er legte eine kleine Pause ein und blickte zu der Schwester hin, ob sie merkte, wie vornehm er sich ausdrückte. „Kundgemacht" –: Er war stolz, daß ihm so ein feines Wort eingefallen war. Auch der holde Knabe im lockigen Haar fiel ihm ein. Ronni selbst hatte leider nur ganz glatte Haare und stellte sich den gelockten Knaben wunderhübsch vor.

„Maria und Josef haben's gewußt und der Engel …" fuhr er fort, „weil Engel alles wissen – und die Schafe."

„Die Schafe?"

Gisela betrachtete den Bruder, als käme er vom Mond.

„Ja. Die haben es viel früher erfahren als die Hirten. Den Hirten hat es der Engel ja erst in der Weihnachtsnacht gesagt, wie das Kind schon da war. Aber die Schafe haben es schon am allerersten Advent gewußt."

„Von wem denn?"

„Von den Wolkenschafen. Die sind ja auch dort oben am Himmel und haben zugehört, wie die Engel miteinander geredet haben. Da sind die Wolkenschafe heruntergekommen zu den Erdenschafen und haben es ihnen erzählt, und die haben es dann Ochs und Esel im Stall weitergesagt."

Ronni atmete tief ein und wieder aus, es klang wie ein erleichterter Seufzer. Er war sehr zufrieden mit seiner Geschichte. Und weil Gisela ihn fast mitleidig ansah, als ob sie ihn für schwachsinnig hielte, wiederholte er trotzig: „Die Tiere haben's gewußt. Noch vor den Hirten und den drei Königen …"

„Tiere wissen gar nichts!" sagte Gisela scharf. „Du spinnst, Ronni! Tiere haben keinen Verstand und sind dumm."

„Das ist nicht wahr. Tiere sind manchmal sehr klug. Bei einem Erdbeben zum Beispiel, wenn die Menschen noch gar keine Ahnung haben, da wissen es die Hunde schon lange davor."

„Woher hast du das?"

„Von meiner Lehrerin."

Gisela wandte sich wieder ihrem Heft zu. „Was hat denn dein Erdbeben mit Bethlehem und den Schafen zu tun?" murmelte sie. „Du bist selbst ein Schaf. So was Unlogisches!" Sie stopfte sich beide Zeigefinger in die Ohren, zum Zeichen, daß sie Ronnis Antwort nicht mehr hören wollte. Aber das war ihm egal. Und ob er logisch war oder unlogisch – das war ihm auch egal. Aus halbgeschlossenen Augen schaute er vor sich hin, genau wie Mirko, und träumte sich seinen allerersten Advent zurecht…

Er sieht die Hirten des Nachts auf dem Felde. Sie schlafen alle, nur die Schafe sind wach und grasen. Und als nun die Wolkenschafe herunterkommen, da erschrecken sie nicht etwa, so wie später die Hirten vor dem Engel erschrecken

werden, bis er ihnen sagt: Fürchtet euch nicht! Sie laufen gleich alle herbei und umringen die Wolkenschafe und erkundigen sich, wie es denn da oben im Himmel so ist: ob sie dort Gras und Klee haben wie hier unten und ob es Spaß macht, wenn der Wind sie jagt ... Aber die Wolkenschafe lassen sie kaum zu Wort kommen und fragen: „Wißt ihr denn nicht, was für ein Tag heute ist?"

Die Erdenschafe schütteln ihre wolligen Köpfe.

„Heute ist der erste Advent!" sagen die Wolkenschafe. „Es kommt etwas heran, eine stille, heilige Nacht, da wird ein Kind geboren, ein holder Knabe im lockigen Haar. Könnt ihr das, bitte, in Bethlehem dem Ochsen und dem Esel ausrichten? Denn dort im Stall kommt das Kind auf die Welt. Ihr wißt doch, wo Bethlehem ist?"

„Klar wissen wir das!" sagen die Erdenschafe. „Aber warum denn im Stall? Warum suchen die Eltern von dem holden Knaben nicht was Besseres, eine Herberge oder ein Hotel oder ein Zimmer bei einem freundlichen Vermieter?"

„Weil die Eltern arm sind", sagen die Wolkenschafe. „Und zu armen Leuten – noch dazu, wenn sie gerade ein Kind kriegen – sind die Vermieter nicht freundlich, wie ihr glaubt."

„Ochs und Esel werden um so freundlicher sein ..." versprechen die Erdenschafe, und die Wolkenschafe sagen: „Über ihrem Stall wird ein Stern stehen."

„Drei Könige werden kommen und die Hirten und viele Engel, große und kleine. Die Hirten werden ihre Flöten mitbringen, und die Engel werden im Chor singen ..."

„Wie schön!!" sagen die Erdenschafe. „Und wir sind auch dabei?"

„Na klar!" nicken die Wolkenschafe. „Ihr wißt also Bescheid. Und jetzt müssen wir heim. Schöne Adventsgrüße an Ochs und Esel."

Damit fliegen sie wieder hinaus, geradewegs in den Sternenhimmel, und die Erdenschafe schauen ihnen nach. Noch in derselben Nacht laufen ein paar nach Bethlehem, um die Botschaft zu überbringen. Es ist ein weiter Weg, aber sie springen und hüpfen und galoppieren – und es dauert gar nicht lange, da sind sie dort. Sie finden den Stall, und weil die Tür nur angelehnt ist, können sie gleich hinein. Ochs und Esel staunen zuerst über den Besuch mitten in der Nacht. Doch als sie die Botschaft hören, sind sie glücklich. Der Ochs schnaubt vor Freude, weil das Kind gerade in ihrem Stall zur Welt kommen soll, und der Esel stellt beide Ohren auf, als höre er schon die Engelchöre singen.

„Wir werden für das Kind unsere Krippe sauberschlecken", sagt der Ochs, „so sauber, daß sie glänzt und wie neu ist."

„Und dann werden wir die Krippe mit frischem Stroh auspolstern!" sagt der Esel.

„Nicht mit Stroh, sondern mit Heu!" sagt der Ochs. „Stroh ist hart und pikt. Heu ist weich und warm und duftet."

„Fein!" rufen die Schafe.

„Und wenn das Kind schlafen will", sagt der Esel, „dann werden wir ihm die Fliegen wegwedeln mit unseren Schwänzen."

So reden sie hin und her. Wer draußen am Stall vorbeikommt, der hört nur Muh und Mäh und Iii-ah und weiß nicht, daß die Tiere ein langes echtes Adventsgespräch führen.

Draußen wird es schon hell, als die Schafe endlich Abschied nehmen. „Zu Weihnachten sehen wir uns wieder!" sagen sie. „Also – bis dann."

Sie traben den ganzen Weg zurück, und weil sie müde sind, geht es nicht halb so schnell wie auf dem Herweg. Die Hirten sind schon eine Weile wach, und einer sagt: „Seltsam! Ich könnte schwören, daß die Herde kleiner ist als sonst." „Zählen wir!" sagen die anderen. Aber als sie damit anfangen, rennen alle Schafe durcheinander, so daß die Hirten sich verzählen und immer wieder von vorne anfangen müssen. Bis sie es schließlich aufgeben. Erst gegen Mittag, als die Bethlehem-Schafe zurück sind

und sich unauffällig unter die anderen mischen, sagt der eine Hirte: „Seltsam! Ich könnte wetten, daß die Herde genauso groß ist wie immer."

Ronni kicherte leise, als er sich die Gesichter der Hirten vorstellte, die ganz verwirrt waren.

Sie hörten die Schafe blöken und verstanden nicht, was die aus Bethlehem Zurückgekehrten den auf dem Felde Gebliebenen von dem Adventsgespräch im Stall erzählten …

Mirko schnurrte. Draußen dämmerte es, und das Zimmer war voll dunkler Schatten.

Von draußen kamen Schritte, die Tür ging auf, und der Vater drehte das Licht an.

„Was ist denn hier los? Schlummerstunde? Gisela, du wirst dir die Augen verderben. Wieso sitzt du noch immer über den Aufgaben?"

„Weil der Ronni mich dauernd gestört hat. Mit lauter Dummheiten, mit Schafen und Ochsen und Eseln und seinem allerallererstem Advent."

31

Mascha Kaléko

Advent

Der Frost haucht zarte Häkelspitzen
perlmuttergrau ans Scheibenglas.
Da blühn bis an die Fensterritzen
Eisblumen, Sterne, Farn und Gras.

Kristalle schaukeln von den Bäumen,
die letzten Vögel sind entflohn.
Leis fällt der Schnee … In unsern Träumen
weihnachtet es seit gestern schon.

Fredrik Vahle

Advent, Advent

Advent, Advent,
ein Lichtlein brennt.
Erst eins, dann zwei,
dann drei, dann vier,
dann steht das Christkind vor der Tür.

Advent, Advent,
ein Lämmlein rennt.
Erst eins, dann zwei,
dann drei, dann vier,
dann läuft die ganze Herde,
dann wackelt diese Erde.

Der Schäfer und sein Schäferhund,
die stehen da mit off'nem Mund.
Der Schäfer staunt,
der Hund, der bellt
zur Weihnacht
unterm Sternenzelt.

Rolf Krenzer

Barbarazweige

„Kommst du mit in den Garten?" fragt Vati und zieht seine dicke Winterjacke an.
„Jetzt?" Jule wundert sich. „Mitten im Winter?"
Vati stellt die große Vase, in der im Frühling die Tulpen stehen, auf den Tisch im Wohnzimmer.
„Es gibt doch jetzt keine Blumen!" sagt Jule und schüttelt den Kopf.
„Komm doch einfach mal mit!" lacht Vati und hält Jule ihre Jacke so hin, daß sie ganz bequem hineinschlüpfen kann. Sie müssen durch den Keller gehen, weil Vati unbedingt noch die Rosenschere braucht, die dort im Regal liegt.
„Im Winter gibt es doch keine Rosen!" Jule lacht laut.
Doch Vati nimmt die Rosenschere, öffnet die Kellertür und geht schnurstracks in den Garten hinein. „Komm!" sagt er drängend, als er sieht, daß Jule unschlüssig in der Kellertür stehenbleibt. „Du kannst mir helfen!"
Als es warm war und die Rosen im Garten blühten, da durfte Jule keine Rose abschneiden. Nicht eine einzige. Und die Rosenschere durfte sie nicht einmal in die Hand nehmen. Aber jetzt steht Vati unter dem Apfelbaum und hält Jule doch wirklich die Schere hin. Kein einziges Blatt ist mehr am Baum. Trostlos steht er da mit seinen nackten Ästen.

Vati greift nach einem Zweig, der über den Zaun zum Nachbarn hin gewachsen ist, und hält ihn ganz behutsam vor Jule hin. „Du mußt ganz fest drücken!" sagt er und zeigt Jule, wo sie den Zweig mit der Rosenschere abschneiden soll.
Jule gibt sich große Mühe. Sie muß fest drücken, und das ist gar nicht so leicht. Aber sie schafft es.
„Den auch noch!" meint Vati und hält noch einen Zweig so hin, daß Jule wieder mit der Rosenschere schneiden kann. Der Zweig ist etwas dünner. Da geht es gleich viel leichter.
„Noch einen?" fragt Jule und schaut hoch in den kahlen Apfelbaum hinein. Doch Vati schüttelt den Kopf. „Zwei reichen!"
Er nimmt Jule die Rosenschere aus der Hand und hebt die beiden Zweige auf. Jule darf sie ins Haus tragen.
„Es sind aber keine Rosen!" sagt sie. „Nicht einmal richtige Blumen!"
„Es sind Barbarazweige!" lacht Papa. „Und Weihnachten werden sie blühen!"
Noch nie im Leben hatte Jule so etwas gehört. Aber sie hilft doch, die Vase auf dem Tisch mit Wasser zu füllen, und dann darf sie die beiden Zweige hineinstellen. Das Wasser ist ein bißchen warm.
„Siehst du, die Sonne scheint auch im

Winter in unser Zimmer hinein!" sagt Vati und stellt die Vase mit den Zweigen genau dorthin, wo sie von den Sonnenstrahlen erreicht werden kann. „Und jetzt müssen wir warten!" sagt er dann. „Wie lange?" fragt Jule.

„Bis Weihnachten!" antwortet Vati. „Dann werden sie blühen!"

Seltsam ist das schon mit diesen Barbarazweigen. Jule wartet von einem Tag zum anderen. Jeden Morgen schaut sie nach. Doch da tut sich nichts.

„Wir müssen noch warten!" sagt Vati nur.

Aber dann sind plötzlich kleine Knospen da, die Jule vorher noch nicht bemerkt hat.

Und winzige Blättchen kommen heraus, frisch und grün. Die Knospen werden größer und größer.

Und dann, als Vati den Zweigen frisches Wasser gibt, freut er sich so, daß er ganz laut nach Jule ruft.

Die Knospen sind aufgesprungen und haben sich weit geöffnet. Da kann Vati Jule die winzigen Blüten zeigen, die wie in einem Bettchen in der Knospe liegen. „Wenn Weihnachten ist …" sagt Jule.

„Hmhm!" Vati nickt. „Paß auf, dann werden sie richtig blühen!"

Blumen mitten im Winter! Blüten an den Barbarazweigen. Da hat Jule noch einen Grund mehr, um sich auf Weihnachten zu freuen.

James Krüss

Am Tage von Sankt Barbara

Am Tage von Sankt Barbara,
da geht das Jahr zur Neige.
Dann trag ins Haus, von fern und nah,
die kahlen Kirschbaumzweige!

Am Tage von Sankt Barbara
stell Zweige in dein Zimmer!
Dann lacht zur Weihnacht, hier und da,
ein weißer Blütenschimmer.

Willi Fährmann

Wichteln

Frau Sulzbacher hatte in der großen Pause die Aufsicht auf dem Schulhof.

Aus der Ecke am Toilettengebäude schallte es herüber im Chor: „Spaghettifresser Tonio hat Wanzen, Läuse und 'nen Floh."

Sie lief auf die Kinder zu, die in einer Traube um Tonio Zuccarelli herumstanden und ihn in die Ecke gedrängt hatten.

Tonio hatte die Fäuste in die Hosentaschen gesteckt, die Schultern hochgezogen und starrte auf den Boden. Er war einen Kopf größer als die anderen Kinder der 3. Klasse.

„Spaghettifresser…" stimmte Kalle Blum erneut laut den Spottvers an.

„Schluß jetzt!" rief Frau Sulzbacher und drängte die Kinder auseinander. „Es ist sehr häßlich von euch", tadelte sie ihre Klasse, „den Tonio immer zu ärgern."

„Es macht Spaß, wenn er wütend wird", sagte Kalle Blum.

„Dann sieht er aus wie ein Hund, wenn er eine Katze riecht!" rief Sylvia.

„Still jetzt! Kein Mensch sieht aus wie ein Hund."

„Doch", widersprach Sylvia, „wenn Tonio die Wut kriegt, dann sieht er aus wie unser Hund."

„Genauso sieht er aus!" bestätigte Kalle Blum, obwohl er Sylvias Hund noch nie gesehen hatte.

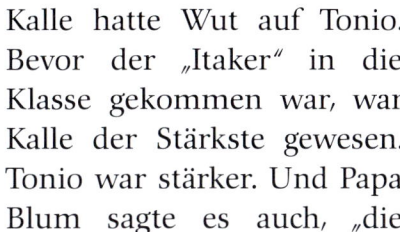

Kalle hatte Wut auf Tonio. Bevor der „Itaker" in die Klasse gekommen war, war Kalle der Stärkste gewesen. Tonio war stärker. Und Papa Blum sagte es auch, „die ,Spaghettis' nehmen uns hier nur die Arbeitsplätze weg." Warum mußte Frau Sulzbacher den Itaker ausgerechnet an Kalles Tisch setzen? Papa hatte auch gesagt: „Die Ausländer, die sollten sie in die deutschen Klassen erst gar nicht reinlassen."

Nach der Pause machte Frau Sulzbacher einen Vorschlag. „Weil Adventszeit ist, wollen wir ein schönes Spiel machen", sagte sie. „Ich habe auf kleine Zettelchen die Namen aller Kinder in der Klasse aufgeschrieben. Jeder darf ein Zettelchen ziehen. Keiner soll verraten, welchen Namen er gezogen hat."

„Zu niemand darf man das sagen?" fragte Sylvia.

„Zu niemand. Denn ihr könnt für das Kind, dessen Namen ihr gezogen habt, ein Wichtel sein!"

„Wichtel? Blöd! Was ist das denn?" schrien die Kinder durcheinander.

„Ich habe den Namen und das Spiel nicht erfunden", sagte Frau Sulzbacher. „Aber ich kann euch erklären, was er bedeuten soll. Für jeden Tag soll ein Wichtel überlegen, wie er dem anderen eine Überraschung bereiten kann. Alles muß ganz heimlich geschehen. Niemand darf sagen, wem er in der Adventszeit kleine Freuden machen will."

„Quatsch", sagte Kalle. „Wichtelei, so 'n Quatsch!"

„Kein Quatsch", widersprach Frau Sulzbacher. „Freude wird doppelt schön, wenn man sie weitergibt."

„Und wenn ich den Namen von dem da ziehe? Soll ich dem etwa jeden Tag etwas zustecken?" Kalle zeigte dabei auf Tonio.

Das wäre für den Kalle ganz gut, dachte Frau Sulzbacher.

Aber Kalle zog nicht Tonios Zettel. Auf seinem Blatt stand Michael. Am ersten Tag fand Kalle in seiner Anoraktasche ein Zimtplätzchen. Wer wußte, daß er Zimtplätzchen am liebsten aß? War es sein Freund Hannes, der ihn beschenkte?

Am zweiten Tag entdeckte er in seinem Etui ein Sammelbild von Hansi Müller. Genau dieser Fußballer fehlte ihm. Der Wichtel mußte ihn genau kennen. Wer war es?

An den folgenden Tagen bekam er lauter Kleinigkeiten, die er schon lange haben wollte: einen Bleistiftspitzer in einer kleinen Weltkugel, einen riesigen Kaugummi, eine winzige Glaskugel, einen Angelhaken, und einmal sogar etwas, worüber die ganze Klasse staunte. Kalle hatte arglos in die Tasche gefaßt und war erschreckt zurückgefahren. In der Tasche bewegte sich etwas. Vorsichtig zog er ein kleines braunes Knäuel heraus, das sich als junger Goldhamster entpuppte. Jetzt konnte Kalle

es vielleicht herausbekommen, wer ihn beschenkte. Wer hatte zu Hause Goldhamster? Aber so sehr er auch forschte, er kam nicht weiter. Hannes besaß zwar einen Goldhamster, aber wer hat schon gehört, daß ein Hamsterbock Junge bekommt?

Am allerletzten Schultag vor den Weihnachtsferien ahnten die meisten Schüler, wer ihr Wichtel gewesen war. Es war eine schöne Zeit des Ratens und der Überraschungen gewesen. Nur Kalle hatte immer noch keinen Schimmer, wer ihn beschenkt hatte. Da fand er nach der großen Pause einen herrlichen Satz italienischer Briefmarken in seinem Schreibheft. Briefmarken? Italienische? Kalle blickte zweifelnd zu Tonio hinüber. Der schaute ihn ängstlich an.

„Du, Spaghettifr...?" Kalle schluckte. „Du warst das, Tonio?"

Tonio nickte.

„Mensch!" sagte Kalle. Er kam sich gemein vor. „Danke", sagte er.

„War schön!" antwortete Tonio.

Am Heiligen Abend brachte der Briefträger eine riesengroße Weihnachtskarte für Schüler Tonio Zuccarelli. „Lieber Tonio! Fröhliche Weihnachten wünscht Dir von Herzen Kalle", stand darauf.

Tonio heftete die Karte mit einer Nadel an die Tapete über sein Bett.

Marieluise Bernhard-von Luttitz

Bumfidel möchte sich freuen

Bumfidel möchte schon wieder zum Weihnachtsmarkt. Mindestens zum dreizehntenmal. Die Mutter begreift das nicht. „Was willst du denn da nur immer noch?"

„Mich freuen", sagt Bumfidel. „Einfach mich freuen."

Die Mutter mahnt: „Gib nichts für Kinkerlitzchen aus."

Eine Frau bietet heiße Maronen an. Sie sagt zu Bumfidel: „Möchtest du welche?"

„Ich glaube nicht", meint Bumfidel. „Ich gucke Ihnen nur ein bißchen zu."

Gute Geschäfte macht die Frau nicht. Die Leute sind satt. Oder sie ziehen Chips und Bratwürste vor. Am Wurststand drängen sie sich. Die Frau erzählt, daß ihre kleine Tochter krank ist. Recht krank sogar. Auf einmal hat sie die Masern bekommen. Ausgerechnet zu Weihnachten! Jetzt liegt sie allein zu Hause im Bett.

Bumfidel fragt, ob er mal nach ihr sehen soll.

„Nein. Sie kennt dich nicht, und du steckst dich nur an."

„Oder", schlägt Bumfidel vor, „Sie gehen hin, und ich passe auf Ihre Kastanien auf."

Die Frau überlegt. „Wirklich?" Dann läuft sie los. „Ich bin gleich zurück."

Als sie wiederkommt, hat Bumfidel 33 Tüten verkauft. Die Frau freut sich. Bumfidel auch. In der Kasse klimpert das Geld. Bumfidel läßt sich eine Tüte schenken – als Lohn. Die drei Mark aber, die er auch noch bekommen soll, die legt er plötzlich ganz schnell wieder hin. Bumfidel sagt der Frau was ins Ohr, die ihm das Geld doch zustecken will: „Vielleicht bin ich das Christkind? Das könnte doch sein."

Und dann rennt er weg.

Dagmar Chidolue

Millie und der Adventskalender

Millie muß sich unbedingt den schönen Adventskalender anschauen, den Papa mitgebracht hat. Millie hat Glück gehabt. Papa hat einen Kalender mit Schokolade gekauft. Nicht nur einen! Zwei! Weil Trudel auch schon weiß, was Schokolade ist. Trudels Kalender hängt über ihrem Bettchen. Papa hat das Sandmännchen abgenommen und den Kalender mit dem Weihnachtsmann drauf an den Nagel gehängt. In Millies Zimmer muß der Teddykalender ein Weilchen verschwinden. Weil bis zum Heiligabend der Adventskalender an der Wand hängt.

Auf Millies Kalender ist ein Haus mit lauter Fenstern zu sehen. Viele Kinder wollen von außen in die Fenster schauen. Das möchte Millie auch. Denn die Fenster sind eigentlich Türchen, die man öffnen kann. Und dahinter ist ein Stückchen Schokolade. Ganz bestimmt!

Einen Adventskalender darf man erst am ersten Dezember aufmachen. Und danach jeden Tag ein Türchen.

Mama wird Millie sagen, wann der erste Dezember ist. Heute nicht. Und morgen auch nicht. Aber wann?

Was wohl hinter dem ersten Türchen steckt? Und hinter dem zweiten? Und dem dritten? Ein Schokoladenbär?

Eine Schokoladenblume? Ein ganzes Schokoladenhaus? Millie kann raten, soviel sie will. Was drin ist, weiß sie erst, wenn sie das Türchen geöffnet hat.

Millie kann nicht gut warten, bis der erste Dezember da ist. Wer weiß, wann der kommt. Sie will nur ein bißchen wissen, was sich hinter den Fensterchen verbirgt. Eine Schokoladenmaus? Mit dem Fingernagel pult Millie an einem Türchen. Nur an dem, das ganz unten ist. Merkt doch keiner. Ein Eckchen öffnet sich. Eine Schokoladenente? Millie muß das Fenster leider ganz weit aufmachen. Erst dann kann sie sehen, was dahinter ist. *Ein Schokoladenstern.* Sieht gut aus. Huch. Jetzt flutscht er raus und fällt auf den Boden. Na, das geht doch nicht. Er muß wieder hinter das Türchen.

Der Schokoladenstern bleibt nicht kleben. Er öffnet wie von selber das Fenster und plumpst immer wieder auf den Boden. Das ist nicht gut. Mama würde merken, daß Millie neugierig gewesen ist. Millie darf nicht neugierig sein. Was soll sie machen?

Sie könnte den Schokoladenstern aufessen. Dann ist er weg und kann nicht mehr runterplumpsen. Der Schokoladenstern schmeckt sehr gut. *Hmhmhm.* Er schmeckt nach *mehr.*

38

Papa, Mama und Trudel sitzen am Tisch, auf dem der Adventskranz geschmückt wird. Die Schwester hält den Brummkreisel an den Bauch gedrückt. Millie wollte ihr den Kreisel eigentlich erst zu Weihnachten schenken. Hat sie aber zu spät dran gedacht.

Millie geht mit der Tischdecke spazieren. „Und es waren Hirten auf dem Felde", sagt sie.

„Oh", sagt Papa. „Alle mal herhören. Millie spielt uns ein Theaterstück vor."

„Nee", sagt Millie und schämt sich. „Ist doch nur die Weihnachtsgeschichte."

„Wie war das mit den Hirten, Millie?" fragt Mama und hängt den Adventskranz an zwei roten Bändern über Kreuz am Ständer auf. Mama kann aber schöne Schleifen binden!

Millie muß noch ein Türchen öffnen. Das ganz, ganz oben ist. Das wird auch keiner merken. Schokoladenpilze schmecken auch *sehr, sehr* gut.

Nun ist aber genug. Sonst merkt es doch noch einer. Millie drückt die zwei leeren Türchen fest zu. Sie leckt sich über die Lippen. Lecker, lecker, lecker. Na, nun wird sie aber mal helfen, den Adventskranz zu schmücken. Sie rennt in die Küche. Mama hat schon die Tischdecke abgenommen und den Adventskranz auf die nackte Tischplatte gelegt. Millie gibt Mama ein Küßchen.

„Du riechst aber gut", sagt Mama und schnüffelt mit der Nase. „Du riechst wie Schokolade. Lecker, lecker, lecker. Hast du genascht, Millie?"

„Nein, nein", sagt Millie und guckt woandershin. Lieber rückt sie ein Stückchen von Mama ab, nimmt die Tischdecke und legt sie sich um die Schultern.

39

„Die Hirten haben die Schafe gehütet", sagt Millie. „Oder die Ziegen. Einige Leute haben gepennt."

„Geschlafen", sagt Papa.

„Und dann kam ein Engel und hat sie aufgeweckt und ihnen eine Geschichte erzählt, die vom Jesuskind und der Krippe und den Windeln. Und die Hirten sollten da mal hinmarschieren und Geschenke bringen. Wieso haben die Hirten denn den Engel verstanden, Papa? Welche Sprache sprechen Engel?"

„Wahrscheinlich können Engel alle Sprachen der Welt", sagt Papa. „Ich weiß das aber nicht so genau."

„Kriegt auch keiner raus", sagt Millie. „Engel gibt's nicht mehr, höchstens Schutzengel, wenn man über die Straße geht, aber die reden auch nicht mit einem."

„Hauptsache, du tust, was dein Schutzengel will", sagt Mama.

„Links gucken, rechts gucken, links gukken", sagt Millie. „Ich weiß schon."

„Na, wunderbar", sagt Mama.

„Die Hirten rannten also hin, um das Baby zu sehen. *Oh*, sagten sie. *Ah*. Weil das Baby so schön war, viel schöner als Trudel, die war nämlich ganz schrumpelig und rot, weil sie immer so geschrien hat. Ich weiß das noch ganz genau, Trudel, jawohl."

„Erzähl Trudel keine Geschichten", sagt Papa.

„Tu ich doch", sagt Millie. „Und sie stellten sich alle um die Krippe. Maria links und Josef rechts, daneben die Hirten. Und hinter ihnen standen ein Ochse und ein Esel, und alle wurden dann fotografiert. Oder abgeschnitzt, damit die Leute später wußten, wie sie in echt aussahen."

„Und wie weiter?" fragt Papa. „Ich bin von deiner Geschichte ganz hingerissen."

„Morgen geht die Geschichte weiter", sagt Millie. „Ich muß sie ja erst im Kindergarten weiterhören. Oder du liest sie mir vor, Papa."

„Nein, nein", sagt Papa. „Ich kann bis morgen warten. Ich will meine Ruhe haben. Es wird Zeit, daß Weihnachten kommt und ich endlich Ferien machen kann. Ich werde von morgens bis abends faulenzen und all die wunderbaren Sachen essen, die zu Weihnachten gekocht werden."

„O ja", sagt Mama. „Wir wollen eine leckere Pute braten. Und vielleicht kochen wir noch einen Plumpudding, genauso einen, wie sie ihn in England zubereiten."

„Plumpspudding?" fragt Millie und hopst auf der Stelle. „O ja, ich möchte auch mal Plumpspudding essen."

„Sitz doch mal einen Augenblick mit deinem Plumpspopo still und halt den Adventskranz fest, damit ich die Äpfel hineinstecken kann", sagt Mama. Die Äpfel werden nämlich auf Zahnstocher gepikst und neben die Schleifen gesetzt. „Und dann hol mal die Tannenzapfen, Millielein", sagt Mama.

Der Adventskranz sieht jetzt schon viel besser aus. Anders als die Kränze aus dem Kaufhaus, anders, aber sehr, sehr schön.

Und er soll noch besser werden.

Renate Schupp

Der Schächtelchen-Kalender

Am Nachmittag hatte Frau Postel den Schächtelchen-Kalender im Kinderzimmer an die Wand gehängt. Er bestand aus 24 bunten Streichholzschachteln, die untereinander auf ein Band geklebt waren.

„Oh, der Schächtelchen-Kalender!" jubelten Anja, Peter und Paul, als sie am Abend vom Spielen heraufkamen. Sie drängten sich ganz nahe heran.

„Nicht anfassen!" rief Frau Postel. „Anfassen ist verboten!"

„Hoffentlich hast du nicht wieder so viel Marzipansachen reingetan, Mama", sagte Paul. „Letztes Jahr habe ausgerechnet ich immer das Marzipan erwischt, wo ich es doch gar nicht mag."

„Doch Marzipan, viel Marzipan!" riefen Anja und Peter.

„Lieber keine Gummibärchen, die sind so klebrig", sagte Anja.

„Aber ich mag Gummibärchen!" schrie Paul.

„Ich auch!" sagte Peter.

„Sind auch wieder Brausebonbons drin, Mama?"

„Und Kaugummis?"

„Au ja, aber die runden!"

„Ihr wißt doch, daß die runden gar nicht reingehen", sagte Frau Postel. „Sie sind zu dick."

„Ooch! Schokoladentaler gehen auch nicht rein!"

„Geleefrüchte auch nicht! Wo ich die doch soo mag!"

„Eigentlich sind die Schächtelchen viel zu klein", stellte Peter fest. „Die besten Sachen gehen nicht rein!"

„Die Tina hat einen Schächtelchen-Kalender aus Zigarettenschachteln", berichtete Anja. „Da ist viel mehr Platz drin. Und alles gehört ihr ganz allein."

„Ja, wirklich, Mama", sagte Paul ernsthaft, „es wäre viel besser, wenn jeder von uns einen Schächtelchen-Kalender für sich alleine hätte. Dann könntest du jedem das reintun, was er am liebsten mag."

„Aber gewiß doch!" polterte da Herr Postel los, der schon seit einer Weile unbemerkt in der Tür stand und zuhörte. „Und nächstes Jahr nehmen wir dann Zigarrenkistchen! Und übernächstes Jahr Schuhschachteln, damit auch ordentlich etwas reingeht!"

Die Kinder schauten sich verwundert an.

„Warum sagst du das so böse, Papa?" fragte Anja.

„Ach, weil ihr unersättlich seid! Zu meiner Zeit hatten wir einen Adventskalender mit Fensterchen, einen für die ganze Familie. Und reihum öffnete jedes Kind ein Fensterchen, und dahinter war ein Bild. Ein Bild! Wir kannten die Bilder schon auswendig, aber wir haben uns jedes Jahr wieder neu dar-über gefreut."

Anja, Peter und Paul warfen sich vielsa-gende Blicke zu. „Ja, ja, früher!" brum-melten die Buben.

Anja räusperte sich und fragte: „Also, was ist? Darf ich jetzt das erste Schäch-telchen aufmachen?"

„Wieso du?" rief Peter. „Du hast letztes Jahr schon anfangen dürfen!"

„Ja!" schrie Paul. „Diesmal darf der Jüng-ste anfangen. Das hat Mama letztes Jahr versprochen. Nicht wahr, Mama?"

„Aha!" regte sich Peter auf. „Einmal die Älteste und einmal der Jüngste. Da komme ich ja wohl nie dran."

Herr und Frau Postel sahen sich an und schüttelten die Köpfe. „Kann man denn hier niemals etwas tun, ohne daß es in Zank und Streit endet?" fragte Frau Postel. „Es ist doch völlig egal, wer beginnt. Außerdem ist dieses Jahr sowieso etwas ganz anderes in den Schächtelchen."

„Was? Wieso denn?" riefen die Kinder erstaunt. Aber Frau Postel wollte nichts verraten.

„Wascht euch die Hände", sagte sie. „Wir wollen erst zu Nacht essen." Nach dem Essen durfte Paul das erste Schächtel-chen öffnen. Anja und Peter reckten die neugierigen Hälse.

Ein Zettel fiel heraus – sonst nichts, wie sehr Paul das Schächtelchen auch um und um drehte. „Ist das alles?" fragte Paul enttäuscht.

„So lies doch erst einmal, was darauf steht!" sagte Frau Postel. Paul faltete den Zettel auseinander und las vor.

„In dieser Adventszeit wollen wir uns alle einmal besonders Mühe geben, nicht zu streiten, sondern einander Freude zu machen. Papa und ich haben darum beschlossen, daß ihr heute abend eine halbe Stunde länger aufblei-ben dürft. In dieser Zeit machen wir zusammen ein Spiel, das ihr euch aus-suchen dürft!"

Ha, da gab es mit einem Mal keine miß-mutigen Gesichter mehr. Auch das Spiel war schnell gefunden: Verstecken in allen Zimmern. Herr und Frau Postel hatten ja eigentlich an etwas Ruhigeres gedacht, Mensch-ärgere-dich-nicht zum Beispiel oder Quartett. Aber sie mach-ten doch mit.

„Ach, du, das war ein Spaß!" sagte Anja später, als sie und Peter und Paul im Bett lagen.

„Ist morgen wieder so ein Zettel drin?"

„Es ist jeden Tag ein Zettel drin", sagte Frau Postel.

„Und da stehen lauter solche Sachen drauf – zum Freuen und so?"

„Ja!"

„Oh, Mann!" stöhnten Peter und Paul. „Ist das spannend!"

Von Kaugummis und Brausebonbons redete keiner mehr.

Wilhelm Hey

Alle Jahre wieder

1. Al - le Jah - re wie - der kommt das Chri - stus - kind
auf die Er - de nie - der, wo wir Men - schen sind.

2. Kehrt mit seinem Segen
ein in jedes Haus,
geht auf allen Wegen
mit uns ein und aus.

3. Steht auch mir zur Seite
still und unerkannt,
daß es treu mich leite
an der lieben Hand.

Melodie: Ernst Anschütz

44

Margret Rettich

Komm, wir spielen Weihnachten

Bald ist wieder Weihnachten. Bine freut sich schon. Sie kann es kaum noch erwarten. „Wie ist denn Weihnachten?" fragt Julchen.

Julchen ist so klein. Letztes Jahr war sie fast noch ein Baby. Sie erinnert sich nicht, wie schön Weihnachten damals war. Mama soll es ihr erzählen. Mama hat keine Zeit dazu. Vor Weihnachten hat sie viel zu tun.

Da sagt Bine zu Julchen: „Komm, wir spielen Weihnachten."

Bine holt den Teddy und die Puppe. Der Teddy ist jetzt Julchen, die Puppe ist Bine.

„Und wer sind wir?" fragt Julchen.

Bine ist Papa, Julchen ist Mama.

„Nun brauchen wir einen Baum", sagt Bine.

Im Garten rennt Julchen zum Apfelbaum und fragt: „Den hier?"

„So einen doch nicht", sagt Bine. Sie bricht einen Zweig von der Tanne ab und steckt ihn in einen Topf.

Dann sagt sie: „Jetzt schmücken wir unseren Baum."

Bine und Julchen hängen Gummibänder, Büroklammern und Bines Haarspangen an den Zweig. Das sieht hübsch aus.

„Und was nun?" fragt Julchen.

Bine sagt: „Nun packen wir die Geschenke ein."

Sie holen Plüschtiere und Teelöffel und Handschuhe und Kugelschreiber und Mamas Uhr und Papas Brille und noch viel mehr. Sie wickeln alles in Zeitungspapier.

Die Zeitung will Papa lesen, wenn er heimkommt.

„Oje", sagt Mama, als sie das sieht.

„Wann ist endlich Weihnachten?" fragt Julchen.

Bine sagt: „Jetzt gleich. Aber die Kinder dürfen nicht lauschen."

Sie deckt den Teddy und die Puppe mit einem Kissen zu. Julchen muß sich die Augen zuhalten.

„Du darfst auch nicht blinzeln", sagt Bine und geht leise raus.

Draußen zieht Bine die Wolljacke von Mama an und setzt sich Papas Fellmütze auf. Dann kommt sie zurück und ruft: „Hallo, liebe Kinder, guckt mal, ich bin der Weihnachtsmann!"

Julchen macht die Augen auf und sagt: „Stimmt nicht, du bist nur Bine."

Bine sagt: „Du mußt aber denken, ich bin der Weihnachtsmann."

Mama kommt und fragt: „Was ist denn hier los?"

„Wir spielen Weihnachten", ruft Bine.

„Wartet mal, ich mache mit", sagt Mama. Sie bringt Plätzchen und eine Kerze. Dann singt sie Weihnachtslieder mit Bine und Julchen.

Später wickeln Bine und Julchen die Geschenke aus.
Mama streicht das Zeitungspapier wieder glatt.

Julchen sagt: „Weihnachten ist schön."
„Es ist noch viel schöner", sagt Bine.
Beide freuen sich.
Bald ist ja Weihnachten.

Fritz und Emily Koegel

Der Bratapfel

Kinder, kommt und ratet,
Was im Ofen bratet!
Hört, wie's knallt und zischt.
Bald wird er aufgetischt,
Der Zipfel, der Zapfel,
Der Kipfel, der Kapfel,
Der gelbrote Apfel.

Kinder, lauft schneller,
Holt einen Teller,
Holt eine Gabel!
Sperrt auf den Schnabel
Für den Zipfel, den Zapfel,
Den Kipfel, den Kapfel,
Den goldbraunen Apfel.

Sie pusten und prusten,
Sie gucken und schlucken,
Sie schnalzen und schmecken,
Sie lecken und schlecken
Den Zipfel, den Zapfel,
Den Kipfel, den Kapfel,
Den knusprigen Apfel.

Rolf Krenzer

Cornelia und das Räuchermännchen

Schon lange vor Weihnachten sind überall in den Vorgärten Weihnachtsbäume mit elektrischen Kerzen zu sehen. In Cornelias Straße stehen allein drei, die jeden Abend brennen. Cornelia findet das schön. Sie möchte gern, daß ihre Eltern auch elektrische Kerzen für die Blautanne im Garten kaufen. Dann hätten sie auch einen leuchtenden Weihnachtsbaum die ganze Adventszeit hindurch. Aber Mutti und Vati halten nichts davon. Nein, der Weihnachtsbaum wird am Heiligen Abend im Wohnzimmer aufgestellt und festlich geschmückt. Auch nicht mit elektrischen, sondern mit echten Kerzen, so daß es richtig nach Weihnachten riecht. Und wie ist das mit den bunten Blinklichtern an den Fenstern, die Cornelia überall sieht? Lichter in vielen Farben, Plastiksterne, die abwechselnd blau und rot blinken.

„Nein!" sagt Vati.

„Niemals!" sagt auch Mutti und schüttelt den Kopf. „Das ist Kitsch und gehört nicht zu Weihnachten!"

Als Hajo aber erzählt, daß seine Eltern nun auch aus seinem Fenster ein Blinkfenster gemacht haben, das den ganzen Abend blinkt, da ist Cornelia richtig traurig und ärgert sich über ihre Eltern.

„Alle schmücken ihre Fenster vor Weihnachten!" sagt sie. „Nur wir nicht!"

„Und was ist mit dem schönen großen Stern am Fenster?" fragt Mutti.

„Der ist doch nur aus Stroh! Und er kann auch nicht blinken!"

„Das ist aber traurig!" sagt Mutti, und Cornelia ist sich nicht sicher, was sie nun meint. Ist es traurig, daß der Strohstern, den sie zusammen mit Mutti gebastelt hat, nicht blinkt? Oder ist sie traurig über das, was Cornelia gesagt hat?

„Wir haben kein Schaufenster zu Hause", sagt Vati ganz ruhig. „Das Glitzern und Blinken gehört zu den Schaufenstern der Geschäfte, aber nicht zu uns."

Am liebsten möchte Cornelia jetzt gar nicht zusehen, als Vati die dicken, roten Adventskerzen anzündet.

„Ich habe etwas ganz Besonderes gekauft!" sagt Mutti und stellt eine kleine Schachtel auf den Tisch.

Vielleicht doch ein Blinkstern? Nein, dafür ist die Schachtel viel zu klein.

„Na, schau mal nach!" sagt Mutti, und Cornelia nimmt vorsichtig den Deckel ab. Erstaunt packt sie einen kleinen Mann aus, der aus Holz geschnitzt ist. Er hat eine große Pfeife im Mund und einen ganz altmodischen Hut auf. Auf dem Weihnachtsmarkt hat Cornelia solche kleinen Holzmänner schon gesehen. An einem Stand waren ganz viele aufgebaut, und jeder sah ein bißchen anders aus.

„Er kommt aus dem Erzgebirge!" sagt Vati. „Jemand hat ihn geschnitzt, damit wir uns nun alle über ihn freuen können." Er nimmt Cornelia den kleinen Mann aus der Hand und dreht ganz behutsam an seinen Beinen, die in dikken Stiefeln stecken. Jetzt sind die Beine ab, und Cornelia sieht, daß der Holzmann innen hohl ist. Und auf seinem Unterteil ist eine kleine Metallplatte.

„Jetzt stellen wir eine Räucherkerze darauf!" sagt Vati und holt aus einer kleinen Tüte einen winzigen roten Kegel heraus.

„Das ist doch keine Kerze!" meint Cornelia. Sie ist jetzt sehr neugierig geworden.

„Eben eine Räucherkerze!" sagt Mutti und zündet ein Streichholz an. Sie hält es ganz dicht an den kleinen roten Kegel.

„Sie brennt gar nicht!" sagt Cornelia. „Sie raucht nur!"

„Das soll sie auch!" lacht Vati und stellt nun das Oberteil des kleinen Holzmanns wieder auf seine Beine.

„Der raucht ja!" Cornelia kann es nicht fassen. „Aus seinem Mund kommt Rauch heraus! Und es riecht auf einmal so gut!"

„Ein Räuchermännchen!" sagt Mutti.

Da vergißt Cornelia auf einmal die Weihnachtsbäume mit den elektrischen Kerzen und die bunten Fenster mit den Plastik-Blinksternen. Sie blickt nur auf das Räuchermännchen und

freut sich so richtig darüber, wie gut es auf einmal überall riecht. Und als sie einen kurzen Blick auf die kleine Tüte wirft, die Vati noch immer in der Hand hält, da stellt sie beruhigt fest, daß dort noch viele Räucherkerzen drin sind. Noch sehr viele!

„Das muß ich dem Hajo erzählen!" sagt sie. „Ich bringe ihn morgen mit! Das muß er sehen!"

„Und riechen!" fügt Vati hinzu und legt Cornelia den Arm um die Schulter.

Barbara Bartos-Höppner

Schnüpperle backt Pfefferkuchen

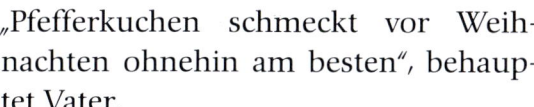

In der Adventszeit muß Pfefferkuchen im Haus sein, sagt Mutter immer, deshalb backt sie heute. Noch nicht alles, nur so zum Kosten und Knabbern.

„Pfefferkuchen schmeckt vor Weihnachten ohnehin am besten", behauptet Vater.

Mutter lacht.

„Und wer langt an den Feiertagen am meisten zu?" fragt sie.

„Schnüpperle", sagt Vater.

„Gar nicht wahr, du futterst am meisten. Und immer sagst du: Das ist der letzte, sonst werd ich zu dick."

„Sag ich das?"

„Ja, und dann nimmst du doch wieder einen."

„Den allerletzten", sagt Vater.

„Und dann den allerallerletzten!" sagt Schnüpperle. „Bis dir der Bauch weh tut."

Als Vater gegangen ist, holt Mutter die Schüssel mit dem braunen Pfefferkuchenteig aus dem Keller. Sie schneidet einen dicken Klumpen heraus, und Schnüpperle bekommt ein Stück davon ab. Er kann damit backen, was er will.

„Ich mach einen Hund", sagt Schnüpperle.

Mutter rollt ihm den Teig platt, dann nimmt sie sich ihren Klumpen vor. Sie sticht Herzen mit der Form heraus und Sterne und Halbmonde. Schnüpperle müht sich derweil mit dem Teigschaber ab.

„Ich glaube, ein Hund ist zu schwer", sagt Schnüpperle. „Ich krieg den Kopf nicht richtig hin, und die Beine sind viel zu lang, wie 'n Pferd!"

„Hals hat er auch keinen", sagt Mutter.

„Was könnte ich denn sonst machen?"

„Ich wüßte was Einfaches, aber ob es dir gefällt …"

„Was denn?"

„Einen Schneemann."

„Einen Schneemann? Aber braunen Schnee gibt's doch gar nicht", sagt Schnüpperle.

„Wir können deinen Schneemann aber mit weißem Zuckerguß bestreichen."

„O ja! Und die Augen?"

„Haselnüsse."

„O ja! Und die Knöpfe auf dem Bauch?"

„Mandeln."

„O ja! Und die Nase?"

„Ein Stückchen Zitronat."

„O ja!" Schnüpperle knautscht den Teig zusammen, und Mutter rollt ihn wieder aus. Dann hilft Mutter mit.

Schnüpperle sticht eigentlich nur den Bauch aus. Brust, Kopf und Arme formt Mutter. Aber die Arme sind auch besonders schwer anzukneten, weil der Schneemann sie in die Seiten stemmt. Ganz vorsichtig legt Mutter den Teigmann aufs Backblech und schiebt es in den Ofen. Nach fünf Minuten sieht sie nach, wie weit der Schneemann ist. Schnüpperle darf auch gucken.

„Ooch, ist der aber dick geworden! Der bläst sich ja auf wie 'n Luftegong."

„Luftballon heißt es."

„Weiß ja, aber ich hab doch immer so gesagt, als ich noch klein war."

Mutter rührt schnell Puderzucker mit Wasser an. Jetzt ist der Schneemann auch fertig gebacken. Mit dem Messer nimmt sie ihn vom Blech ab. Schnüpperle wartet schon mit dem Pinsel. Er taucht ihn in den Zuckerbrei und bestreicht den braunen Mann. Mutter setzt zwei Haselnußaugen ins Gesicht und eine spitze grüne Zitronatnase. Schnüpperle drückt die Mandelknöpfe auf den dicken Bauch.

„Ooch, sieht der hübsch aus!" sagt Schnüpperle. „Bloß gut, daß ich keinen Hund gemacht habe, den hätte ich nicht so gut gekonnt."

„Jetzt muß er trocknen", sagt Mutter. Sie legt den Schneemann beiseite, damit sie weiter Herzen und Sterne ausstechen kann.

Alle Augenblicke fragt Schnüpperle: „Ist er jetzt trocken?"

„Nein, noch nicht."

„Jetzt?"

„Nein. Warum hast du's denn so eilig?"

„Weil ich mich freue, daß er mir so gut geraten ist. Wo stell ich ihn bloß hin, damit ihn viele sehen können? Ans Fenster?"

„Am Fenster ist es zu feucht, da wird er weich und fällt zusammen. Aber ich wüßte was", sagt Mutter.

„Wohin denn?"

„Wir hängen ihn zwischen die grünen Zweige ans Treppengeländer, da sieht ihn auch jeder, der zu uns kommt."

„O ja! Aber wie hängen wir ihn denn auf? Kloppen wir einen Nagel durch?"

Mutter überlegt. „Ich weiß", sagt sie. „Wir binden ihm eine Schleife um den Bauch und hängen ihn hinten daran auf."

„Ja?" fragt Schnüpperle. „Ja? Aber einen Schneemann mit Schleife um den Bauch habe ich überhaupt noch nicht gesehen."

„Unserer ist ja auch ein ganz besonderer. Er schmilzt nicht, er riecht gut und schmeckt süß. Da kann er ruhig eine Schleife haben."

„O ja!" sagt Schnüpperle. „Er ist ein richtiger Pfefferkuchen-Weihnachtsschneemann."

Sybil Gräfin Schönfeldt

Der Bäckerengel

Im Sommer hatte er viel freie Zeit. Tagelang schwebte er im Blauen und starrte nach unten. Ihm gefiel die Erde, die er nicht kannte, weil er ein Engel war.

An einem Wintertag paßte er nicht auf. Der Sturm fegte ihn von einer Wolke, und ehe er seine goldenen Flügel ausbreiten konnte, waren sie ihm abgerissen. Er stürzte durch Regen und Schneetreiben ab, in ein Tannendickicht, und dort blieb er betäubt liegen.

Als er erwachte, fror er in seinem Engelshemd. Er spürte kalte, harte Steine unter seinen Sohlen, splittriges Eis zerschnitt die zarte Haut, er setzte vorsichtig einen Fuß vor den anderen, mußte um sein Gleichgewicht kämpfen, stürzte immer wieder auf die große Erde, empfand zum erstenmal Schmerzen, konnte aber nicht weinen, weil er noch keine Tränen hatte.

Er schob sich aus dem Tannendickicht, und sein dünnes Hemd zerriß. Er schaute nach oben, aber die Schneeflocken wirbelten so dicht, daß er keinen Himmel sah. Er hob die Arme. Er stieß sich mit den Füßen ab, reckte sich in die Höhe, aber nichts geschah, kein leichtes, rauschendes Gefühl des Schwebens.

So ging er den Waldweg weiter, zwischen verschneiten Stoppelfeldern hindurch, bis er die Dächer eines Dorfes sah.

Er spürte die Wärme zwischen den Mauern und lief schneller über den weichen, glatten Schnee.

Hinter der ersten Scheune bauten Kinder einen Schneemann. Als sie den Engel in seinem zerfetzten Hemd sahen, starrten sie ihn zuerst schweigend an, dann lachten sie und verspotteten ihn. Er verstand aber nicht, was sie schrien. Sie warfen mit Schneebällen nach ihm, und er floh. Die Kinder rannten hinter ihm her und schrien noch lauter.

Er lief um die Scheune herum, wieder aus dem Dorf hinaus, doch vor dem letzten Haus strauchelte er, und die Kinder holten ihn ein und stießen ihn zu Boden.

Da ging die Tür auf, und eine Frau trat heraus, um nachzuschauen, was das für ein Lärm wäre.

Als sie den Engel im Schnee sah, scheuchte sie die Kinder davon und hob den Engel auf.

Ihr war im Sommer ein Sohn gestorben, der nicht viel größer gewesen war, und sie gab dem Engel seine Kleider, zeigte ihm seine Kammer und sein Bett und kochte eine Suppe.

Ihrem Mann gefiel das fremde Kind auch, und so blieb der Engel bei ihnen.

Er lernte Wort für Wort ihre Sprache, und dann befreundete er sich auch mit den anderen Kindern. Er sagte jedoch nie, woher er gekommen war.

So verging der Winter, und der Engel sah den Schnee schmelzen, hörte den Regen auf die Schollen prasseln, ging hinter dem Mann aufs Feld und führte das Pferd beim Säen und beim Eggen. Er half der Frau im Garten umgraben und Zwiebeln setzen, sah die Blumen aus der Erde wachsen, zupfte das Unkraut, und wenn mittags und zur Vesperzeit die Glocke läutete, wenn er sich sonntags zwischen den Mann und die Frau auf die Kirchenbank setzte, erfüllte ihn eine unbestimmte Erwartung. Aber nichts geschah.

Er hörte die Sommergewitter grollen, sprang mit den anderen Kindern über das Johannisfeuer, schüttelte mit ihnen Pflaumen und pflückte im Wald Beeren und Haselnüsse.

Wenn er zu der Stelle im Tannendikkicht kam, blieb er stehen und schaute empor. Er sah blauen Himmel, er sah Regenwolken, er sah einmal eine blasse Mondscheibe, und wenn er ein Mensch gewesen wäre, hätte er vor Sehnsucht geweint.

Dann wurden die Tage kürzer, morgens hing ein Dunst über den Wiesen, und der Mann und der Engel pflückten die letzten Birnen und Äpfel. Die dicksten legte die Frau in die Ofenröhre, und wenn sie das heiße, weiche, süße Fleisch gegessen hatten, zog die Frau den Engel auf den Schoß und erzählte mit leiser Stimme: Es war einmal …

Der Engel lauschte den Geschichten, aber er fragte niemals: Was ist ein Riese? Was ist ein Zwerg? Was ein Löweneckerchen? Er saß gern auf dem Schoß der Frau, schaute gern in die rote Glut und hörte gern die leise, sanfte Stimme.

Als es kälter wurde, als alles Laub von den Bäumen gefallen war, begann er zu backen, wie er es zu dieser Jahreszeit gewohnt war. Die Frau erlaubte es ihm, weil sie ihm die Freude lassen wollte. Sie schaute seinen kleinen Händen zu, die vor Eile und Eifer silbern glänzten und sonderbar leicht mit dem Teig verfuhren. Sie half ihm, die ersten Lebkuchen auf ein Blech zu legen, und als sie gebacken waren, kostete sie ohne große Erwartung davon. Doch das Gebäck zerschmolz ihr im Munde, und es schmeckte besser als alles, was sie je in ihrem Leben gegessen hatte. So backte der Engel bald voller Vergnügen für die ganze Nachbarschaft und für alle Freunde.

In einer Winternacht pochte es an die Tür, und als die Frau öffnete, trat ein weißbärtiger Mann ein.

Er sagte, er habe den Weg verloren, und die Frau hielt ihn für einen Reisenden und bot ihm den Platz am Ofen an.

Der Engel jedoch, der durch den Spalt der Küchentür lugte, erkannte, wer es war: Knecht Ruprecht.

Der Knecht trank heißen Pfefferminztee und biß in ein Stück vom Engelsgebäck. Erstaunt blickte er auf und fragte: „Woher hast du den Kuchen?"

„Mein Junge hat ihn gemacht", erwiderte die Frau und zog den Engel in die Küche. Er blieb stumm vor dem Knecht stehen und wagte nicht aufzublicken.

Der Knecht beugte sich vor, schaute ihm ins Gesicht und sagte dann: „Du bist der Bäckerengel, den ich suchen soll."

„Ja", antwortete der Engel, „nimmst du mich wieder mit?"

Der Knecht nickte, doch da warf sich der Engel der Frau an den Hals und brach in Tränen aus. „Ich war so gern bei dir", schluchzte er.

Sie verstand nicht, was geschehen war, und der Knecht berichtete, wen sie ein Jahr lang als einen Sohn beherbergt hatte.

Da küßte sie den Engel und sagte: „Freu dich, mein Kind, daß du heimkehren kannst. Ich bleibe ja nicht allein zurück, und wir behalten dich lieb und werden unser Lebtag an dich denken."

Er schaute den Mann an, und als auch er nickte, bedankte sich der Engel bei den beiden, ergriff Knecht Ruprechts Hand und trat mit ihm aus dem Haus. Als sie ein paar Schritte gegangen waren, brach ein Licht wie ein Weg aus der Nacht, und sie betraten diese Straße und gingen zurück in den Himmel.

Angelika Mechtel

Der Engel auf dem Dach

Es war einmal eine Großmutter, die hatte kein Talent für Weihnachten. Sie konnte weder backen noch stricken, noch singen oder gar Geschichten erzählen. Sie hatte auch keine Lust dazu. Viel lieber setzte sie sich am Heiligabend auf einen Kamin, hoch oben auf einem Hausdach, und schaute den Weihnachtsengeln beim Fußballspielen zu.

So könnte diese Geschichte, die, das schwöre ich, ganz bestimmt kein Märchen ist – oder vielleicht doch? –, beginnen. Aber ich fange lieber einen Tag früher an und erzähle, was wirklich passiert ist.

Das gibt es doch nicht, denke ich, das gibt es doch nicht, daß mir überhaupt nichts einfällt!

Seit zwei Stunden sitze ich am Schreibtisch und zerbreche mir den Kopf über eine Geschichte, die ich erfinden will. Sich den Kopf zu zerbrechen ist glücklicherweise nur eine Redensart. Und so ist mein Kopf selbstverständlich noch ganz in Ordnung.

Trotzdem fällt mir einfach nichts ein.

Schließlich stehe ich vom Schreibtisch auf, trete ans Fenster und sehe hinaus. Genau in diesem Augenblick passiert es. Ich entdecke einen Weihnachtsengel auf der Fernsehantenne.

Wenn ich sonst aus dem Fenster gucke, sehe ich Hausdächer, Schornsteine, Kirchturmspitzen, Baumspitzen, große und kleine Dachfenster, ich sehe Leute, die sich hinter den Fenstern bewegen, den Himmel über der Stadt und die Wolken und natürlich eine Menge Fernsehantennen, größere und kleinere, solche, die der Wind schief gestellt hat, andere, die wie dünne, rostige Bäume mit vielen Ästen aussehen.

Manchmal sitzt eine Amsel auf so einem Ast aus Metall, aber niemals ein Weihnachtsengel.

Der, den ich entdecke, der sitzt auch nicht; der macht Klimmzüge an einer Fernsehantenne. Er sieht ganz normal aus, wie Weihnachtsengel eben so aussehen: ungefähr so groß wie ein Zehnjähriger, schwarze Wuschelhaare, eine Stupsnase, zwei Flügel auf dem Rücken, dort wo sie hingehören, und ein weißes, langes Hemd am Leib.

Ich reiße erschreckt das Fenster auf. „He!" schreie ich hinüber zum anderen Hausdach. „He, du! Paß auf, daß du nicht runterfällst!"

So ein Unsinn. Er hat ja Flügel.

Mit einem Bauchaufschwung setzt er sich rittlings auf einen Antennenarm, schaukelt fröhlich hin und her und streckt mir die Zunge heraus.

Dürfen Weihnachtsengel das?

„Ich übe!" ruft er zurück. „Ich übe für die Weihnachtsengelweltmeisterschaft!"

Weihnachtsengelweltmeisterschaft?

Nie davon gehört.

Es scheint ein zutraulicher Weihnachtsengel zu sein. Etwas später fliegt er von einem Hausdach zum anderen und setzt sich auf mein Fensterbrett.

„Wann findet denn die Weihnachtsengelweltmeisterschaft statt?" erkundige ich mich.

„An Weihnachten, wann sonst?" Seine Hände sind schwarz vom Herumturnen an der Fernsehantenne. Er wischt sie an seinem schönen, weißen Hemd ab. Wie zufällig berühre ich einen seiner Flügel mit den Fingerspitzen. Er fühlt sich ganz echt an und sieht aus, als sei er aus großen, weißen Federn gemacht.

„An Weihnachten", wende ich ein, „an Weihnachten habt ihr doch etwas anderes zu tun."

Er baumelt mit den nackten Füßen, grinst fröhlich und fragt, ob ich ihm nicht ein Glas Milch spendieren könnte. Milch ist gut, wenn man sportlich fit bleiben möchte.

Ich bitte ihn, nicht wegzufliegen, und hole aus der Küche ein großes Glas Milch. Das trinkt er in einem Zug aus, wischt sich die Lippen mit dem Handrücken ab und hat nun auch Dreckspuren im Gesicht.

„Warum macht ihr die Weltmeisterschaft nicht im Sommer?" frage ich. „Da habt ihr doch nichts zu tun."

Wahrscheinlich, überlege ich, sage es aber nicht laut, wahrscheinlich liegen Weihnachtsengel im Sommer auf der faulen Haut unter einem Sonnenschirm am Strand und lassen es sich gutgehen, während ich auch im Sommer Geschichten erfinde.

„Geht nicht", antwortet er. „Im Sommer halten Weihnachtsengel Sommerschlaf."

Na bitte. Aber zur Weihnachtszeit, da haben Weihnachtsengel doch alle Hände voll zu tun, so wie die Osterhasen zu Ostern. Oder etwa nicht? Wie, bitte schön, findet ein Osterhase zu Ostern Zeit, an einem Reck zu turnen, Kugeln zu stoßen oder einen Speer zu werfen? Denn alles das gehört ja zu einer Weltmeisterschaft.

Der Weihnachtsengel auf dem Fenstersims meiner Dachwohnung im vierten Stock erzählt mir stolz, daß er letztes Weihnachten die Bronzemedaille am Reck geholt hat. Dieses Jahr will er Silber schaffen und beim nächsten Mal natürlich Gold. Die Weihnachtsengelweltmeisterschaft selbst findet am Heiligabend statt, erklärt er mir. Dann sprinten die Engel über Hausdächer, springen von Kamin zu Kamin oder im Stabhochsprung quer über die Straße von einer Regenrinne zur anderen. Zum Kugelstoßen benutzen sie Flachdächer, zum Geräteturnen die Fernsehantennen, und das Bodenturnen absolvieren sie selbstverständlich in der Luft, hoch über der Stadt, wie Engel das eben so tun; sie haben ja Flügel.

„Und was ist mit der Bescherung an Heiligabend?" will ich wissen.

Der Weihnachtsengel bohrt nachdenklich in der Nase.

„Die Kinder warten doch auf ihre Geschenke!" sage ich.

„Ja, ja", antwortet er, hört auf, in der Nase zu bohren, und kratzt sich etwas verlegen hinterm rechten Ohr. „Du hast ja recht", gibt er zu, und ich bin stolz, daß er mich duzt. Wer kann schon von sich behaupten, mit einem Weihnachtsengel auf du und du zu stehen?

„Du hast ja recht", sagt er noch einmal. „Die Sache ist nur die, daß wir gar nicht mehr gebraucht werden."

Wie bitte? Als ich ein kleines Mädchen war, habe ich jedesmal auf den Weihnachtsengel gewartet, wegen der Geschenke.

„Wer wartet denn heute noch auf einen Weihnachtsengel?" Der Weihnachtsengel lacht etwas bekümmert. „Ihr kauft doch heutzutage die Geschenke in den Warenhäusern und schließt an Weihnachten Fenster und Türen zu. Da hat unsereins keine Chance, das mußt du zugeben!"

Ja. Es bleibt mir nichts anderes übrig, als zuzugeben, daß ein Weihnachtsengel heutzutage kaum noch Chancen hat.

„Und deshalb", so erklärt er mir, „haben wir die Weihnachtsengelweltmeisterschaft erfunden. Irgend etwas müssen wir ja an Weihnachten tun. Wir können doch nicht nur dumm aus der Wäsche gucken."

Ich fühle, wie ich genauso bekümmert werde wie er. Die Weihnachtsengel tun mir leid.

Das scheint jedoch gar nicht nötig zu sein.

Der stupsnasige, wuschelhaarige Weihnachtsengel auf meinem Fensterbrett grinst mich wieder fröhlich an, baumelt mit den Beinen und fragt, ob ich ihm vielleicht einen Regenschirm leihen könnte. Zu Recht. Es sieht nach Regen aus. Ich hole den Regenschirm, den ich als einzigen noch nicht verloren habe, und mein Weihnachtsengel verspricht, gelegentlich wiederzukommen und mir seine Kür an einer Fernsehantenne vorzuturnen.

„Wenn du Lust hast", meint er, „kannst du natürlich auch unser Ehrengast an Weihnachten sein. Du mußt dich nur trauen, auf einem Kamin zu sitzen."

Mir wird ein bißchen schwindlig bei diesem Gedanken, aber ich will es mir überlegen.

Dann spannt er den Schirm auf und fliegt davon.

Ich blicke ihm nach. Wenn er, denke ich, wenn er kein Weihnachtsengel und ich nicht schon Großmutter, sondern noch ein kleines Mädchen wäre, ja, dann könnte ich mich sofort in ihn verlieben.

Ich schließe das Fenster, kehre an meinen Schreibtisch zurück und schreibe diese Geschichte auf, die ich gar nicht erst erfinden muß.

So endet diese Geschichte – oder fängt sie gerade erst an? Wie dem auch sei, ich schwöre, ich habe noch nie auf einem Kamin gesessen. Das hat einen guten Grund. Ich bin nämlich nicht schwindelfrei.

Ursel Scheffler

Auf dem Christkindlmarkt

„Jo, bitte, bitte, kommst du mit?" bettelt Mia.

„Wohin?" fragt Jo.

„Zum Christkindlmarkt. Keiner hat heute Zeit, und ich möchte *sooo* gern hin."

„Ich wollte sowieso in die Stadt, um ein Weihnachtsgeschenk zu besorgen", sagt Jo zu seiner kleinen Schwester. „Am besten gehen wir gleich."

„Jippie!" ruft Mia, und sie kann es kaum erwarten, bis Jo endlich fertig ist.

Auf dem Hauptmarkt in Nürnberg ist der berühmte Christkindlmarkt mit seinen vielen Buden aufgebaut, wie jedes Jahr. Als die beiden von der U-Bahn-Haltestelle an der Lorenzkirche zum Markt hinunterlaufen, duftet es nach gebrannten Mandeln.

„Man kann sich richtig hinriechen. Auch wenn man den Weg nicht weiß", sagt Mia und schnuppert mit ihrer kleinen Stupsnase.

„Trotzdem: gib mir die Hand", sagt Jo zu Mia, „sonst verliere ich dich noch im Gedränge."

„Mich doch nicht", sagt Mia, „ich paß schon auf! Ich bin doch fast fünf!"

An einem Haus neben der Frauenkirche bleiben Mia und Jo eine Weile stehen. Ein Bäcker zeigt im Schaufenster, wie man Lebkuchen macht.

Dann gehen sie weiter.

Auf dem Markt selbst sind viele Buden mit Baumschmuck und Spielsachen. Aber es gibt auch handgestrickte Pullover und Mützen.

„Wir kaufen heiße Maroni", schlägt Jo vor. „Da kann man sich so schön die Hände dran wärmen."

„Ein richtiger Handofen", sagt Mia, als sie je eine Marone in ihre Wollhandschuhe steckt.

Und dann bleibt Mia vor einer kleinen Stoffpuppe stehen. „Ist die schön!" sagt sie und möchte am liebsten nicht weitergehen.

„Wir brauchen noch ein Geschenk für Mama!" sagt Jo und drängt zum Weitergehen. Sie suchen und wägen ab. Schließlich entscheiden sie sich für eine Spieluhr aus Holz. Sie ist nicht viel größer als eine Streichholzschachtel. Wenn man an einer kleinen Kurbel dreht, spielt sie ein Weihnachtslied.

Auf einmal erklingt Musik. Eine Musikkapelle mit Posaunen hat sich auf der Holzbühne vor der Frauenkirche aufgestellt. Sie spielen Weihnachtslieder. Die meisten erkennt Mia an der Melodie. Aber es gibt noch mehr zu sehen. Eine Postkutsche hält gleich daneben. Große Leute und ein paar Kinder steigen aus. Neue Leute steigen ein. Die Pferde schnauben ungeduldig. Der warme Atem steigt in kleinen Dampfwolken aus ihren Nüstern.

„Richtige Dampffrösser", sagt Jo.

„Da möcht ich gern mitfahren!" sagt Mia.

„Viel zu teuer", brummt Jo.

„Dann will ich jetzt die große Krippe sehen!" bettelt Mia und zieht Jo zu dem runden, offenen Haus mit dem Strohdach, das hinter einem Zaun in der Mitte des Marktes steht. Es ist gar nicht so leicht hinzukommen, weil sich die Menschen in dicken Trauben durch die engen Budenstraßen zwängen. Aber endlich haben sie es geschafft.

Mia hält sich am Zaun fest und schaut. Da sind die Hirten, die Schafe, der Ochs und der Esel im Stall. Und in der Mitte Maria und Josef und das Christkind in der Krippe.

„Schön", sagt Mia. „Schau mal, die Laterne von Josef brennt wirklich." Dann geht sie ein Stück um das Krippenhaus herum. „Da hinten kommen die drei Könige mit ihren Kamelen und den Geschenken!" ruft Mia. „Das Christkind wird sich freuen."

„Es ist noch zu klein zum Freuen", meint Jo.

„Aber Maria und Josef freuen sich."

„Bestimmt", nickt Jo. Er überlegt dauernd, wie er für einen Augenblick verschwinden und das Weihnachtsgeschenk für Mia besorgen kann, ohne daß sie es merkt. „Weißt du, daß du eigentlich auch Maria heißt? Mia ist die Abkürzung von Maria", sagt Jo.

„Und Jo die Abkürzung von Josef!"

„Neee", sagt Jo lachend, „das ist die Abkürzung von Johannes."

„Schade", sagt Mia. „Ich hätte es schön gefunden, wenn wir Maria und Josef heißen würden."

„Ich glaube, das Kamel hat sich ein bißchen bewegt", sagt Jo. „Es geht nämlich jeden Tag ein bißchen mehr auf die Krippe zu. Bis es ganz da ist."

„Wirklich?" staunt Mia. Sie glaubt dem großen Bruder jedes Wort.

„Bestimmt", schwindelt Jo. „Möchtest du ein bißchen gucken?"

„Au ja", sagt Mia.

„Dann seh ich mich noch ein bißchen alleine um. In zehn Minuten bin ich wieder da."

„Fein", sagt Mia.

„Aber lauf nicht weg! Und gib gut auf das Kamel acht!" sagt Jo eindringlich.

Mia verspricht es. Aber Mia weiß noch nicht, wie lang zehn Minuten sind. Wenn man alleine ist, kommen einem drei Minuten schon sehr, sehr lang vor. Das Kamel hat sich noch kein bißchen bewegt, so genau sie auch hinsieht. Als fünf Minuten um sind, fängt Mia an zu weinen. Wenn Jo sie nun nicht wiederfindet hier in dem Gewühl? Ob er sie vergessen hat?

Eine Frau wird auf Mia aufmerksam.

„Suchst du deine Eltern?"

Mia schüttelt den Kopf.

„Bist du ganz alleine hier?" Mia schüttelt wieder den Kopf.

„Wie heißt du denn?"

„Mia", sagt Mia, „fast wie Maria im Stall. Und ich warte auf Jo. Aber nicht den abgekürzten Josef. Nur den Jo, meinen Bruder. Er ist schon elf."

„Maria sucht Josef", sagt die Frau und lächelt. „Bestimmt kommt er gleich wieder. Ich bleibe so lange bei dir."

Jetzt ist Mia froh. Die Frau erzählt, daß sie auch Kinder hat. Und daß sie auch schon mal verlorengegangen ist. Und daß es wichtig ist, daß man nicht wegläuft, sondern wartet, damit man gefunden werden kann. Endlich kommt Jo zurück.

„Du solltest deine kleine Schwester nicht so lange allein lassen!" sagt die Frau vorwurfsvoll.

„Ich war nur ein paar Minuten weg", beteuert Jo und schiebt rasch ein Päckchen unter seine Jacke.

„Ich hab gedacht, du hast mich vergessen!" Mia schluchzt noch einmal tief und greift erleichtert nach Jos Hand.

„Aber Mia! Ich vergeß dich doch nicht!" sagt Jo und legt seinen Arm um ihre Schulter.

„Was hast du da?" sagt Mia, als es in Jos Jacke raschelt.

„Das wird nicht verraten", sagt Jo. „Das ist eine Weihnachtsüberraschung!"

Da ist der Kummer fast vergessen.

Mia möchte unbedingt wissen, was in dem Päckchen ist.

Aber Jo verrät kein Sterbenswörtchen.

Ursel Scheffler

Vorweihnachtstrubel

Grüner Kranz mit roten Kerzen,
Lichterglanz in allen Herzen,
Weihnachtslieder, Plätzchenduft,
Zimt und Sterne in der Luft.
Garten trägt sein Winterkleid,
wer hat noch für Kinder Zeit?

Leute packen, basteln, laufen,
grübeln, suchen, rennen, kaufen,
kochen, backen, braten, waschen,
rätseln, wispern, flüstern, naschen,
schreiben Briefe, Wünsche, Karten,
was sie auch von dir erwarten.

Doch wozu denn hetzen, eilen,
schöner ist es, zu verweilen
und vor allem dran zu denken,
sich ein Päckchen „Zeit" zu schenken.
Und bitte laßt noch etwas Raum
für das Christkind unterm Baum!

Wilhelm Nünnerich

Der Wunschzettel

Einmal erklärte Philipp dem kleinen Bären gerade, was ein Wunschzettel eigentlich zu bedeuten hätte. Da drangen geheimnisvolle Geräusche vom Fenster zu ihnen herüber.

Krrz ... krrzz ... kratz ... krrzz ... krzz ... kratz ... pieps! Dann war alles wieder still. Da mußte etwas ganz Besonderes im Gange sein!

Und tatsächlich, als sie aus dem Fenster guckten, sahen sie auf der Fensterbank viele kleine Spuren im Schnee. Genau so, als ob da jemand etwas hingeschrieben hätte.

Der kleine Bär war sofort ganz sicher: „Das kann nur das Christkind gewesen sein."

„Aber kleiner Bär", schüttelte Philipp da den Kopf, „es ist doch nicht das Christkind, das den Wunschzettel schreibt. Das holt den doch nur ab. Und außerdem hat das Christkind keine Vogelfüßchen."

Ja, und dann hat Philipp schnell ein paar Körner genommen, sie auf die Fensterbank gestreut und gesagt: „Ein Wunschzettel ist das aber schon. Weil sich da nämlich auch jemand was gewünscht hat. Deswegen."

Und das stimmte. Denn kaum waren Philipp und der kleine Bär ein Stückchen vom Fenster weggegangen, kamen ... krrzz ... kratz ... pieps ... zwei Vogelpärchen angeflogen und pickten alle Körner ruckzuck weg.

Knister

Kängu und Kängurine

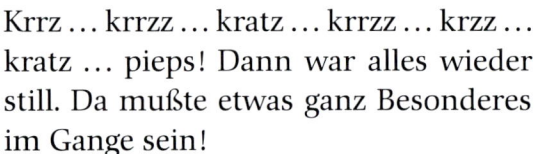

In Australien sieht so manches anders aus.
Schon im Hochsommer kommt dort der Nikolaus.
Auch Pfingstfrösche kennt dort ein jedes Kind,
obwohl sie bei uns noch recht unbekannt sind.
Zu Weihnachten gibt's dort nie Schnee oder Eis.
Die australische Weihnacht ist brüllend heiß.

Zur vergangenen Weihnacht war's tierisch warm,
Kängurine nahm lieb ihren Mann in den Arm
und flüsterte ihm in sein Känguruhohr:
„Heute abend hab ich was ganz Tolles vor.
Unser Weihnachtsfest wird das schönste auf Erden,
weil wir zusammen sehr glücklich sein werden."

„Wenn du meinst", sagt Kängu, der Känguruhmann,
„dann fang ich geschwind mit dem Wichtigsten an."
Schon hopste er los, in Richtung Wald,
weil's dort einen Christbaum zu finden galt.
Und er bracht' einen Baum, wohl drei Meter groß.
„So", sagte er stolz, „jetzt geht das Fest los!"
     „Aber nein, mein Schatz", sagte die Känguruhfrau.
     „Das Wichtigste fehlt, ich weiß es genau!"

„Du hast recht!" rief Kängu. „Jetzt fällt es mir ein!
Unser Tannenbaum darf doch nicht ungeschmückt sein."
Einen Strohstern steckte er auf die Spitze
und verzierte die Zweige mit goldener Litze.
Dazu Kugeln und Kerzen, bis es weihnachtlich war.
„Jetzt können wir feiern, jetzt ist alles klar!"
     „Aber nein, mein Schatz", sagte die Känguruhfrau.
     „Das Wichtigste fehlt, ich weiß es genau!"

„Ja, natürlich!" rief Kängu. „Du hast völlig recht.
Ein Weihnachtsfest ohne Gebäck, das wär schlecht!"
Für den Teig nahm er Mehl und auch Weihnachtsgewürze,
für die Plätzchen Dosen, für sich selbst eine Schürze.
Und dann ging's ans Backen, fast zehn Dosen voll.
„Ich bin fertig", rief Kängu, „jetzt feiern wir toll!"
     „Aber nein, mein Schatz", sagte die Känguruhfrau.
     „Das Wichtigste fehlt, ich weiß es genau!"

Sie zog aus dem Känguruhbeutel geschwind
ein süßes, ein kleines, ein Känguruhkind.
Denn zur Weihnacht gehören die Kinder dazu.
Bei Menschen genau wie beim Känguruh!

Eva Marder

Der gläserne Vogel

Die große Schachtel mit dem Christbaumschmuck war grün und mit Sternen bedruckt. Auf dem Speicher sah keine andere Schachtel von außen so feierlich aus. Schon daran merkte man, daß etwas Besonderes darin lag.

Da gab es Eiszapfen und schillernde Kugeln. Es gab Engel aus Wachs und Glitzerpapier. Es gab Sterne aus Strohhalmen und Glocken mit einem hellen Klang.

Das Schönste aber war der gläserne Vogel. Er war der Älteste unter all dem Christbaumschmuck. Ja, er war sogar der Älteste in Xanders Familie. Schon der Urgroßvater hatte ihn jedes Jahr an den Christbaum gehängt.

Seit dem ersten Advent juckte es Xander in den Fingern – juckte und juckte. Er wollte den Vogel vor Weihnachten sehen und anfassen.

Der Nikolaustag ging vorbei, der zweite Advent und der dritte – und eines Tages hielt Xander es nicht mehr aus. Als die Mutter zum Laden an der Ecke gegangen war, nahm er den Speicherschlüssel vom Haken und schlich die Speichertreppe hinauf. Oben war es dunkler als im Treppenhaus und stiller. Xanders leise Schritte schienen zu dröhnen. Kaum bekam er das Schloß auf vor Aufregung.

Er holte die Schachtel aus ihrem Winkel und stellte sie da hin, wo mehr Licht war. Dann knüpfte er den Bindfaden auf, hob den Deckel hoch – und sah lauter Seidenpapier. Die Mutter wickelte jedes Stück immer sorgfältig ein.

Für die Eiszapfen nahm sie hellblaues Papier, für die Kugeln grünes, für die Engel rotes, für die Glocken gelbes und für die Sterne rosa Papier. Doch all die bunten Farben ließen Xander kalt. Seine Augen suchten das weiße Papier, in das der gläserne Vogel eingeschlagen war. Als er es berührte, kribbelten seine Finger – als ob er etwas Elektrisches anfaßte. Behutsam wickelte Xander ein weißes Papier ab und noch eins und ein drittes. Und da lag der Vogel – mit Schwanz- und Flügelspitzen aus gesponnenem Glas.

Die Dämmerung kroch durch die Speicherfenster, aber der Vogel schimmerte. Ein geheimnisvolles Licht ging von ihm aus. Ein Licht, das die Dämmerung verscheuchte.

Doch wer sich so lange nach etwas gesehnt hat, dem ist anschauen auf die Dauer zu wenig. Und schon hielt Xander den Vogel in beiden Händen. Er war leichter als ein Schmetterling, und er sah lebendig aus – und sein Herz klopfte. Aber das war Xanders eigenes

Herz. Es klopfte und pochte – und pochte und klopfte. Und seine Hände waren feucht und glitschig.

Und plötzlich gab es keinen gläsernen Vogel mehr – nur noch Splitter. „Oh", sagte Xander, und in seiner Stimme klang solch ein Schrecken, als hätte er eine Scheune angezündet. „Oh!" Lange saß er da und hielt die Splitter aneinander – ob man sie vielleicht kleben konnte?

Doch wie soll jemand winzige Splitter kleben!

Wenn ich den gläsernen Vogel nicht ganz machen kann, muß ich einen neuen finden, dachte Xander. Aber wo fand man einen Vogel, der so alt war, daß er schon am Christbaum des Urgroßvaters gehangen hatte? Womöglich beim Trödler, der mit alten Sachen handelte.

Ohne die großen und kleinen Splitter wegzuschieben, lief er die Treppen hinunter.

Der eine Trödelladen lag am Elefantenweg. Als Xander die Tür aufmachte, schepperte die Messingglocke – und beim Zumachen noch einmal. Grell und laut schepperte sie, und der dürre, vertrocknete Mann im Laden schaute mürrisch drein.

„Ich …" stotterte Xander. „Ich – wollte – bloß fragen, ob Sie – einen alten gläsernen Vogel haben."

„Hinten", brummte der Mann und zeigte mit dem Daumen über die Schulter. Es standen drei gläserne Vögel in der Ecke – große, häßliche Viecher mit aufgesperrtem Schnabel. „Nicht solche", sagte Xander. „Ich möchte einen für den Baum."

„Ich verkaufe aber keinen Christbaumschmuck", entgegnete der Mann und sah ihn zornig an.

„Ich hab's nicht bös gemeint", murmelte Xander und rannte hinaus. Hinter ihm schepperte die Messingglocke.

Aus einem Laden fiel Neonlicht auf die Brunnenfigur und malte ihr ein Gespenstergesicht mit dunklen Augenhöhlen. Inzwischen war es dunkler und kälter geworden. Schneesterne tanzten in der Luft – und der Atem stand wie Rauch vor Xanders Mund.

Er bog in den Bärengraben ein, wo der andere Trödelladen war.

Von außen ähnelte er dem am Elefantenweg – mit den bemalten Schalen und Gläsern, den zinnernen Bechern und Tellern, den Ketten und Ringen aus Korallen und Granaten. Auch innen gab es keinen großen Unterschied. Nur stand hier kein vertrockneter Birnenmann, sondern eine Frau mit einem Gesicht so weich wie ein Kopfkissen. Und die Glocke an der Tür läutete in lauter verschiedenen Tönen, fast wie ein Glockenspiel.

„Haben Sie zufällig einen gläsernen Vogel?" fragte Xander.

„Einen gläsernen Vogel?" wiederholte die Bärengruberin. „Was für einen meinst du denn?"

„Einen für den Christbaum, einen ganz alten." Und er erzählte die Geschichte von dem Vogel, den schon der Urgroßvater an seinen Baum gehängt hatte.

„Solche Vögel sind rar", antwortete die Bärengruberin. „Wie hieß sie nur gleich, die alte Dame, die mir einen angeboten hat? Pawlowski? Kaminski? Wondraschek? Nein, es war ein anderer Name – aber sie wohnt in der Paradiesgasse."

„Und – haben Sie ihn genommen, den gläsernen Vogel aus der Paradiesgasse?" fragte Xander atemlos.

Die Bärengruberin schüttelte den Kopf. „Dann hat sie ihn vielleicht noch – die alte Dame mit dem schwierigen Namen?"

„Kann sein. Kann auch nicht sein."

„Danke", sagte Xander. Er ging hinaus, und das Glockenspiel läutete in lauter verschiedenen Tönen.

Die Paradiesgasse war die kleinste von allen Gassen der Stadt. Auf jeder Seite standen sieben Häuser. Doch wer in zweimal sieben Häusern nach einer alten Dame fragen muß, deren Namen er nicht kennt – dem kommt die Paradiesgasse ziemlich groß vor.

Xander fing im ersten Haus auf der linken Seite an.

„Wohnt hier eine alte Dame?" fragte er die junge Frau, die im Erdgeschoß die Tür aufmachte.

„Du sollst wohl etwas abgeben und hast den Namen vergessen", meinte die junge Frau und lachte.

Xander nickte. Daß er etwas abholen wollte, war bestimmt nicht weiter wichtig.

„Im zweiten Stock wohnt Frau Neugebauer. Ist das der richtige Name?"

„Nein", entgegnete Xander, „er muß schwieriger sein."

„Dann fragst du besser im nächsten Haus."

„Wohnt hier eine alte Dame mit einem schwierigen Namen?" fragte Xander im Haus gegenüber.

„Nein, hier wohnt ein alter Mann, und der heißt Huber – ganz einfach Huber", sagte der alte Mann und lachte schallend wie über einen richtig guten Witz.

„Wohnt hier eine alte Dame?" fragte Xander den großen Jungen an der Tür nebenan.

„Bei uns nicht. Wie heißt sie denn?"

„Ziemlich schwierig – und sie hat einen gläsernen Vogel", antwortete Xander verlegen.

„Du hast selber einen Vogel. Klingelst die Leute heraus und weißt nicht, zu wem du willst." Die Tür fiel zu, und Xander stand allein im Treppenhaus.

„Wohnt hier eine alte Dame?" fragte Xander viele Häuser später. Er hatte es schon so oft gefragt, daß er nicht einmal hochschaute. Wahrscheinlich lebten überhaupt keine alten Damen in der Paradiesgasse – keine mit einem schwierigen Namen. Wahrscheinlich hatte die Bärengruberin sich geirrt, und Xander suchte in der falschen Gasse.

„Ja, hier wohnt eine alte Dame", sagte eine helle Stimme, und der Junge hob den Kopf. Vor ihm stand eine alte Dame mit silbergrauem Haar und rosa Bakken. „Oh", sagte er und vergaß weiterzusprechen. Wenn es in der Paradiesgasse einen gläsernen Vogel gab, mußte er hinter dieser Tür zu finden sein.

„Du willst also eine alte Dame besuchen und weißt noch nicht genau, welche", sagte die alte Dame.

„Sie muß einen schwierigen Namen haben", erklärte Xander.

„Ist Rosinski schwierig genug?"

Xander nickte. Von dem Vogel sagte er noch nichts, weil man fremden Leuten nicht gleich mit einem gläsernen Vogel in die Tür fallen kann. Bei einem schwierigen Namen mußte alles andere

leicht sein. Jedenfalls war es sehr leicht, Fräulein Rosinski zu besuchen. Ehe sich's Xander versah, saß er bei ihr im Zimmer und hatte einen Teller voll Lebkuchen vor sich stehen.

„Zum Essen bin ich eigentlich nicht hergekommen", meinte er, als nur noch Krümel übrig waren.

„Nein? Hat es dir nicht geschmeckt?"

„Doch", entgegnete Xander – und erst jetzt sah er sich um. Ein alter Schreibtisch stand da, den man zuklappen konnte – einer mit eingelegten farbigen Hölzern. Die Polster vom Sofa und den Sesseln waren mit Blumen und Schmetterlingen bestickt. Hinter den Bildern steckte Tannengrün und in einem rubinroten Glas goldene Grashalme. Und – unter der Lampe mit den Glastropfen – hing ein gläserner Vogel, ein Zwilling von dem, dessen Splitter auf dem Speicher lagen.

„So einen Vogel haben wir auch daheim." Xander machte eine Pause. „Bis heute nachmittag hatten wir ihn."

„Und wo ist er jetzt?" fragte Fräulein Rosinski. „Ist er weggeflogen?"

Xander ließ den Kopf hängen.

„Er ist also nicht weggeflogen", sagte Fräulein Rosinski.

„Nein. Ich hab ihn zerbrochen."

„Schade, daß wir uns nicht früher begegnet sind", sagte Fräulein Rosinski und blickte zu dem gläsernen Vogel hinauf. „Vorige Woche hat er noch einen Zwillingsbruder gehabt. Der ist mir beim Staubwischen heruntergefallen. Man soll nicht zu reinlich sein, wenn man einen gläsernen Vogel hat."

„Ich bin zu neugierig gewesen", sagte Xander leise.

Fräulein Rosinski nahm zwei Dosen aus dem Regal – eine blaue und eine weiße. In der weißen war Musik – eine zarte Melodie, als ob silberne Hämmer auf Glas schlügen. In der blauen waren Schokoladenplätzchen. Winzige Schokoladenplätzchen, die jemand für Elfen gemacht haben mußte. In Xanders Jungenhand war Platz für alle – aber er durfte nur immer eins nehmen. „Die sind für Mädchen", sagte er. „Darf ich noch einen Lebkuchen haben?"

Einen Lebkuchen bekam er nicht, weil keine mehr da waren, aber einen Ingwerkeks.

„Er brennt ein wenig", warnte Fräulein Rosinski ihn. „Fast wie schlechtes Gewissen."

Schlechtes Gewissen im Mund war ein komisches Gefühl – und plötzlich sah Xander die Splitter des gläsernen Vogels auf dem Speicher liegen. „Ich muß es meiner Mutter erzählen", sagte er.

Fräulein Rosinski kramte in einer Schublade und gab ihm eine kleine rote Lackdose.

„Da tust du die Splitter hinein", schlug sie vor, „und deine Mutter bindet einen silbernen Faden darum."

„Dann kann er ja doch oben am Christbaum schweben – der silberne Vogel – und niemand weiß, daß er es tut."

„Beinah niemand", bestätigte Fräulein Rosinski. „Und jetzt lauf heim. Es ist spät."

„Danke für alles", sagte Xander. „Auf Wiedersehen!"

Als er draußen stand, kam ihm die Paradiesgasse ganz verzaubert vor. Kaum wußte er noch die Richtung, und er machte einen Umweg über den Bärengraben. Einen Augenblick schaute er zur Ladentür der Bärengruberin hinein – und das Glockenspiel läutete in lauter verschiedenen Tönen. „Sie heißt Fräulein Rosinski!" rief er der Bärengruberin zu, die gerade einen alten Rauschgoldengel einwickelte.

„Natürlich, Fräulein Rosinski", sagte sie. „Wie ich das bloß vergessen konnte!"

Und Xander ging weiter – an der Bäckerei vorbei und zur Brunnenfigur. Noch immer hatte sie ein Gespenstergesicht mit dunklen Augenhöhlen; denn noch immer fiel Neonlicht aus dem Laden.

Was Xander seiner Mutter erzählte, blieb ein Geheimnis. Doch am Weihnachtsabend schwebte eine kleine rote Lackdose über den Eiszapfen und Strohsternen. Lautlos schwang sie hin und her. War es die Kerzenwärme, die die Lackdose schwingen ließ? War es ein Luftzug vom Fenster her?

Es konnte auch das Herz des gläsernen Vogels sein, das noch immer klopfte und pochte.

Laßt uns froh und munter sein

1. Laßt uns froh und mun-ter sein und uns recht von Her-zen freun! 1.–5. Lu-stig, lu-stig, tra-le-ra-le-ra! Bald ist Ni-ko-laus - a-bend da, bald ist Ni-ko-laus - a-bend da!

2. Dann stell ich den Teller auf,
   Niklaus legt gewiß was drauf!
   Lustig, lustig, traleralera,
   bald ist Nikolausabend da!

3. Wenn ich schlaf, dann träume ich:
   Jetzt bringt Nikolaus was für mich!
   Lustig, lustig, traleralera,
   heut ist Nikolausabend da!

4. Wenn ich aufgestanden bin,
   lauf ich schnell zum Teller hin.
   Lustig, lustig, traleralera,
   nun war Nikolausabend da!

5. Niklaus ist ein guter Mann,
   dem man nicht g'nug danken kann.
   Lustig, lustig, traleralera,
   nun war Nikolausabend da!

Rolf Krenzer

Warum der Nikolaus jedes Jahr zu uns kommt

Es waren einmal drei Kinder, die waren arm. Zusammen mit ihren Eltern lebten sie recht und schlecht in einem Häuschen in einer großen Stadt. Als aber ihre Mutter gestorben war und danach der Vater so krank wurde, daß er im Bett bleiben mußte und nicht mehr arbeiten und Geld verdienen konnte, da hatten sie nichts mehr zu essen und nichts mehr, was sie draußen anziehen konnten. Dabei war es Winter und bitterkalt geworden.

„Lieber Gott, hilf uns!" beteten sie wie immer an einem Abend zusammen mit ihrem Vater, als sie hungrig zu Bett gingen.

Spät am Abend hörten sie aber ein seltsames Geräusch vor der Tür. Und als sie hinausliefen, stand vor der Tür ein riesiger Sack, prall gefüllt bis oben hin. Gemeinsam trugen sie den Sack hinein und öffneten ihn.

Wie freuten sie sich, als sie in dem Sack Brot entdeckten. Dazu noch soviel Mehl, daß sie in der nächsten Zeit noch Brot daraus backen konnten.

Da brauchten sie nicht mehr zu hungern. Sie aßen sich alle rundherum satt, und es reichte noch viele Tage lang.

„Wer hat uns das nur geschenkt?" fragten sie sich und wußten keine Antwort. So dankten sie Gott und schliefen in dieser Nacht satt und zufrieden ein.

Am nächsten Abend aber, als die Kinder gerade eingeschlafen waren, wurden sie wieder von einem Geräusch vor der Tür geweckt. Und als sie hinausliefen, stand vor der Tür wieder ein riesiger Sack, prall gefüllt bis oben hin.

Als sie dann den Sack aber drinnen öffneten, fanden die Kinder Jacken und Pullover darin, Mützen und Hemden. Sie probierten die Kleidung an, und jeder fand etwas, was ihm paßte. Sogar für den Vater war etwas dabei. Da brauchte keiner mehr zu frieren.

„Wer hat uns das alles geschenkt?" fragten die Kinder.

„Vielleicht der Bischof Nikolaus!" sagte ihr Vater leise. „Man erzählt sich so viel Gutes von ihm. Er hat schon vielen armen Leuten geholfen!"

Die Kinder wußten, wer der Bischof Nikolaus war. Sie hatten ihn schon manchmal gesehen, wenn er durch die Stadt ging. Sie hätten aber niemals daran gedacht, daß dieser reich und prächtig gekleidete Bischof ihre Not kannte und ihnen helfen würde.

Am nächsten Abend nun nahmen sich

71

die Kinder ganz fest vor, aufzupassen und nicht einzuschlafen. Vielleicht kam der Bischof Nikolaus ja noch einmal zu ihnen.

Dann wollten sie zu ihm laufen und ihm für alles von Herzen danken.

So versuchten nun die Kinder, wach zu bleiben. Sie warteten so lange, bis ihnen am Ende doch die Augen zufielen. Da blieb der Vater allein noch wach. Als es aber immer später wurde, wurde er auch müde.

Da hörte er plötzlich ein Geräusch vor der Tür.

Gleich sprang der Vater aus dem Bett und lief, so gut er konnte, aus dem Haus heraus.

Als er auf die Straße kam, war niemand mehr zu sehen. Doch hörte der Vater jemand mit eiligen Schritten davongehen. Da lief er dem Fremden nach und sah ihn auch bald vor sich. Und wirklich, es war niemand anderes als der Bischof Nikolaus.

„Bleibe stehen!" rief der Vater. „Bitte, bleibe stehen, Bischof Nikolaus, damit ich dir danken kann!"

„Schon gut!" sagte der Bischof freundlich und gab dem Vater die Hand. „Jetzt sieh aber, daß du ganz schnell nach Hause kommst! Es ist bitterkalt, und du willst doch bald wieder gesund werden!" Er nickte dem Vater zu und ging schnell weiter.

Als der Vater aber zurückkam, da hatten seine Kinder bereits den dritten Sack vor der Tür entdeckt und hineingetragen. Und als sie ihn öffneten, fanden sie Schuhe darin. Schuhe für alle, so daß keiner von ihnen mehr barfuß laufen mußte.

Als sie die Schuhe aber anziehen wollten, wollten sie nicht passen. Und als sie hineinschauten, da fanden sich Äpfel und Spielzeug darin. Ja, wirklich Spielzeug! Wie freuten sich da die Kinder. Weil sie so arm waren, hatten sie noch nie Spielzeug geschenkt bekommen.

„Das war der Nikolaus!" erzählte ihnen ihr Vater. „Der Bischof Nikolaus!"

Später wurde der Vater wieder gesund und konnte seinen Kindern genug zu essen und zum Anziehen kaufen. Niemals aber haben alle vergessen, was damals geschah, als sie so arm waren. Und als sie älter wurden und heirateten, da erzählten sie es ihren Kindern. Und ihre Kinder erzählten es weiter, und es erfuhren immer mehr Leute davon. Längst war der Bischof Nikolaus gestorben. Aber die Geschichte von den Säcken und dem Spielzeug und den Äpfeln in den Schuhen, die wurde nie vergessen.

So kommt auch heute der Nikolaus mit seinem Sack zu uns. Und in dem Sack sind Plätzchen, Äpfel und Nüsse. Manchmal gibt es auch etwas zum Spielen. Und daß du am Nikolausabend deine Schuhe vor die Tür stellst, das hat auch etwas mit den Schuhen zu tun, die die Kinder damals im Sack fanden.

Und vielleicht legt der Nikolaus auch heute abend etwas für dich hinein.

Nach einer alten Legende neu erzählt.

Rolf Krenzer

Was Niki sich vom Nikolaus wünscht

Letztes Jahr war der Nikolaus dagewesen. Daran kann sich Niki noch ganz genau erinnern. Hier im Wohnzimmer hat er gestanden, und Niki hat kein bißchen Angst vor ihm gehabt. Warum auch? Der Nikolaus war so lieb gewesen, daß er für Niki einen ganzen Teller voll Plätzchen mitgebracht hat. Und in seinen blauen Halbschuh hat er das rote Feuerwehrauto gesteckt, das sich Niki so sehr gewünscht hat. Das rote Feuerwehrauto hat Niki aber erst entdeckt, als der Nikolaus schon längst wieder fortgegangen war. Da hat Niki das Fenster aufgemacht und so laut wie er nur konnte „Danke, lieber Nikolaus!" hinausgebrüllt. Vielleicht hat es der Nikolaus ja wirklich noch gehört.

Heute abend wird der Nikolaus ganz bestimmt wieder kommen. Niki freut sich schon sehr darauf. Aber dann ist er auch wieder traurig, weil die Oma nicht dabeisein kann. Letztes Jahr schon hätte die Oma so gern den Nikolaus getroffen. Aber als die zu Niki kam, war der Nikolaus schon längst wieder fort. Da war die Oma so traurig gewesen, daß Niki sie trösten mußte und ihr Plätzchen aus dem Teller, den der Nikolaus mitgebracht hatte, angeboten hatte. In diesem Jahr wird die Oma den Nikolaus leider wieder nicht treffen.

Und in diesem Jahr ist alles noch trauriger als im letzten. Wieder kann die Oma nicht kommen, noch nicht einmal zu spät.

Die Oma hat sich nämlich letzten Dienstag den Fuß gebrochen und muß jetzt ganz ruhig im Bett bleiben. Vielleicht kann sie Weihnachten aufstehen. Aber das wissen weder die Ärzte noch die Schwestern im Krankenhaus ganz genau.

Sie waren nur damit einverstanden, daß Opa die Oma mit dem Auto wieder mit nach Hause nimmt. Natürlich kann er sich um Oma kümmern! Das wäre doch gelacht, hat der Opa gesagt, und die Oma einfach mitgenommen.

Jetzt macht er den Haushalt und versorgt noch die Oma dazu.

Nur aufstehen kann die Oma noch nicht.

„Kommt denn wenigstens der Nikolaus am Freitag zu dir?" hat Niki gefragt und sich schmerzlich daran erinnert, daß Oma in diesem Jahr nicht bei ihnen sein kann.

„Zu mir kommt kein Nikolaus!" hat Oma leise gesagt. „Was will er denn auch bei alten Leuten! Am liebsten kommt er zu euch, ihr Kinder! Die alten Leute laßt ihn mal ruhig vergessen!"

Niki ist richtig traurig, daß die Großeltern nicht kommen können. Da hilft es auch nicht viel, daß er mit Mama und Papa am Sonntag zu Oma und Opa fahren wird.

„Und wenn der Nikolaus vielleicht etwas später zur Oma kommt?" fragt er noch einmal. „Dann, wenn er wieder Zeit hat. Am Samstag oder am Sonntag?"

„Eigentlich kommt der Nikolaus nur zu Kindern!" meint Papa. Und damit hat er wohl auch recht.

Als es später an der Wohnungstür schellt und wirklich der Nikolaus davorsteht, da ist alles so, wie Niki es sich so sehr gewünscht hat. Der Nikolaus läßt sich ein Lied vorsingen, nur ein ganz kleines. Und Niki singt es laut und schön, ohne nur einmal steckenzubleiben.

Der Nikolaus nickt mit seinem Kopf und schlägt mit dem Stock den Takt dazu. Weil es ihm so gut gefallen hat, fragt er Niki, ob er vielleicht noch ein Lied kann.

Natürlich kann Niki. Und der Nikolaus ist sehr zufrieden.

Als er dann seinen Sack auspackt, da hat er für Niki ein Säckchen mit Plätzchen und noch eine geheimnisvolle kleine Schachtel, die Niki aber erst später auspacken soll.

„Danke auch für das rote Feuerwehrauto beim letztenmal!" sagt Niki noch, und der Nikolaus nickt. „Ich habe dein Dankeschön letztes Jahr noch gehört!" sagt er freundlich. „Hast du noch einen Wunsch?" fragt er zum Schluß, als er wieder gehen will, weil noch so viele Kinder auf ihn warten.

„Meine Oma …" sagt Niki schnell und beginnt vor Aufregung zu stottern. „Sie hat den Fuß gebrochen. Kannst du sie nicht noch besuchen? Sie hat so lange nicht mehr den richtigen Nikolaus gesehen. Und letztes Jahr ist sie bei uns zu spät gekommen!"

„Der Nikolaus hat bestimmt keine Zeit, um auch noch die Großen zu besuchen!" sagt Mama.

Doch der Nikolaus stellt noch einmal seinen Sack ab, knöpft seinen dicken roten Mantel auf und holt seinen Taschenkalender hervor. Er schlägt ihn auf und liest leise vor sich hin, was er sich alles aufgeschrieben hat. Nun schüttelt er traurig den Kopf. „Nein, Niki", sagt er, „es geht leider nicht mehr. Auch für den Nikolaus ist nachts um 12 Uhr der Nikolaustag vorbei. Leider habe ich für heute keinen einzigen Termin mehr frei!"

Er blickt Niki nachdenklich an.

„Aber du kannst doch an meiner Stelle zu ihr gehen. Morgen oder übermorgen!"

„Tu ich doch auch!" sagt Niki eifrig.

„Aber ich bin doch nicht der Nikolaus. Die Oma ist schlau. Sie merkt das sofort!"

Da muß der Nikolaus lang und laut lachen. Er lacht so laut, daß sein dicker Bauch in dem roten Mantel ganz doll wackelt und sein langer Bart vom Lachen mitgeschaukelt wird.

„Aber du heißt doch genauso wie ich!" sagt der Nikolaus nach einer Weile. „Niki ist der kleine Nikolaus. Und ich schicke den kleinen Nikolaus zur Oma.

Sag ihr, daß ich nicht kommen kann. Aber dafür bist du ja bei ihr." Er wiegt den Kopf hin und her. „Aber anrufen werde ich deine Oma!" sagt er dann.

„Ehrlich?" Niki sieht ihn mit leuchtenden Augen an. „Und du vergißt es wirklich nicht!"

„Ich werde mir einen Knoten ins Ohrläppchen machen!" lacht der Nikolaus, aber dann muß er wirklich gehen.

Als Niki mit seinen Eltern am Sonntag zu Oma kommt, freut sich die Oma sehr. Und der Opa freut sich auch, weil heute Mama bereits alles für das Mittagessen mitgebracht hat und auch selbst kochen will. Da hat der Opa heute frei.

„Ich bin für den Nikolaus gekommen!" sagt Niki zu Oma. „Er hat einfach keine Zeit mehr!"

„Du bist mir auch lieber als der Nikolaus!" lacht Oma und drückt Niki ganz fest an sich.

Bevor ihr Niki das mit dem Anrufen aber noch sagen kann, da klingelt bereits das Telefon. Opa geht dran. Er hört zu, schüttelt den Kopf, und dann nickt er. Und schmunzelnd kommt er mit dem Telefon zu Oma an das Bett.

„Da will dich jemand sprechen!" sagt er und stößt Niki heimlich an.

„Wer?" fragt Oma.

„Irgend so ein alter Mann!" sagt Opa. „Du kennst ihn noch von früher!"

Oma nimmt den Hörer, hört zu und beginnt laut zu lachen.

„Das kann ja nicht wahr sein", sagt sie immer wieder.

„Siehst du, der Nikolaus!" sagt Niki und klatscht vor Freude in die Hände.

Lieber guter Nikolas

Lie-ber, gu-ter Ni-ko-las, bring uns klei-nen Kin-dern was! Die gro-ßen las-se lau-fen! Die kön-nen sich was kau-fen.

Lisa Wenger

Der Esel des Sankt Nikolaus

Als der Winter wieder einmal gekommen war, der Schnee in dicken Flocken zur Erde fiel und die Weihnachtszeit nahte, kam Sankt Nikolaus in den Stall, in dem sein Esel- chen stand, klopfte ihm auf den glatten Rücken und sagte: „Nun, mein Graues, wollen wir uns wieder auf die Reise machen?" Der Esel stampfte lustig mit den Füßen und wieherte leise.

So zogen sie denn zusammen aus, der Esel hochbepackt mit Säcken, Sankt Nikolaus in seinem dicken Schneeman- tel, mit hohen Stiefeln und großen Pelz- handschuhen.

Wie sie so durch den Wald zogen, knirschte der Schnee unter ihren Füßen, und ihr Atem flog in großen Wolken um sie herum; aber Sankt Nikolaus lachte doch mit seinen fröhli- chen alten Augen in die Welt hinein, und das Eselchen schüttelte sich vor Vergnügen, so daß die silbernen Glöck- lein weit über das Feld klangen.

Im nächsten Dorf kehrten sie ein; denn sie waren beide hungrig. Sankt Niko- laus stellte sein Eselchen in den Stall und setzte sich selbst in die warme Stube zu einem Teller Suppe. Im Stall standen ein paar Pferde; auch ein Esel war unter ihnen, und gerade neben die- sen – es war ein großer Mülleresel – kam unser Eselchen zu stehen.

„Was bist denn du für ein Kauz?" fragte der große Esel verächtlich.

„Ich bin der Esel des Sankt Nikolaus", antwortete stolz unser Grauer.

„So", höhnte der Mülleresel, „da bist du auch etwas Rechtes! Immer hinter dem Alten herlaufen; im Schnee stehen vor den Häusern; fast erfrieren und ver- hungern, ehe du wieder in deinen Stall kommst; keinen rechten Lohn; immer das gleiche Futter, jahraus, jahrein; ich würde mir so etwas nicht gefallen las- sen."

„Ja, hast du es denn besser?" fragte ganz erstaunt das Eselchen; „du mußt doch auch Säcke tragen, oder nicht?"

„Natürlich", prahlte der Esel, „aber nur, wenn es mir paßt! Und zwischendurch laufe ich herum und gehe, wohin ich will! Habe ich Hunger, so komme ich heim und fresse, aber nicht nur dein lumpiges Heu, nein, Hafer, soviel es mir beliebt, und Brot und Zucker bringt man mir."

Das Eselchen glaubte dem Aufschnei- der alles; denn beim Sankt Nikolaus hatte es natürlich nicht lügen gelernt. Solch ein Leben schien ihm beneidens- wert; denn Hafer, Brot und Zucker bekam es nur selten.

„Es war natürlich nicht immer so", fuhr der Mülleresel fort, „aber einmal lief ich

einfach davon und kam acht Tage nicht wieder heim. Seither lassen sie mich machen, was ich will. Weißt du was, lauf deinem Alten auch einmal davon und laß ihn seine Säcke allein schleppen! Du sollst sehen, wie es nachher anders wird! Lauf, lauf, die Tür ist eben offen, und du bist nicht angebunden!"

Das Eselchen, das wirklich ein rechtes Eselchen war, wurde ganz verwirrt im Kopf von all dem Neuen, und da ihm der große Esel Achtung einflößte und man auf das Böse viel leichter hört als auf das Gute, besann es sich nicht lange und ging wirklich zur Tür hinaus. Dort schüttelte es sich, schlug übermütig aus, daß der Schnee davonstob, und galoppierte zum Hof hinaus, über die Straße, durch den Kartoffelacker, und lief in den Wald. Dort sprang es hin und her, rannte mit den Hasen um die Wette, spielte mit den Hirschen und Rehlein und machte hohe Sprünge, um den Schnee abzuschütteln, der von den Tannen auf seinen Rücken fiel.

Das Eselchen wurde schließlich müde und auch hungrig. Es lief auf eine große Wiese, um etwas Eßbares zu suchen. Der Schnee aber war sehr hoch und hart gefroren, und das Eselchen fand nicht das kleinste Kräutlein. Als es weiterlief, sah es am Ende der Wiese, hart am Waldesrand, ein altes Mütterchen gehen, das auf seinem Rücken eine große Bürde Holz schleppte. Mühsam und langsam ging es vorwärts und atmete schwer.

Das Eselchen, das im Grunde ein gar liebes Eselchen war und bei Sankt Nikolaus nur Gutes gelernt hatte, ging ganz nahe zu dem Mütterchen hin und blieb vor ihm stehen, senkte auch seinen Kopf und sah mit seinen klugen Augen die alte Frau so aufmunternd an, daß diese das Tier wohl verstand. Sogleich lud sie ihm ihr Holz auf den Rücken, tätschelte ihm den Hals und machte: „Hö!", und das Eselchen trottete sanft hinter dem Mütterchen her, bis sie das kleine Haus erreicht hatten, weit draußen vor dem Dorf.

Kaum war das Holz abgeladen, kamen die Enkelkinder der Alten, sprangen um den Esel herum und schrien: „Ach, laß mich reiten, laß mich reiten!"

Das Eselchen, das von Sankt Nikolaus gelernt hatte, die Kinder liebzuhaben, ließ sie reiten. Erst die Mädchen, dann die Buben, dann wieder die Mädchen und wieder die Buben; zuletzt saßen zwei auf, ritten gegen das Dorf, schrien hü und hott und schwangen ihre Mützen. Vor dem Dorf warf sie das Eselchen ab, und es gab ein großes Gelächter und Geschrei. Darauf sprangen die Kinder heim; das Eselchen lief weiter und wußte nicht recht, wohin es gehen sollte. Es war schon müde, und Hunger und Durst hatte es auch. Langsam lief es in den Wald zurück und dachte an seinen warmen Stall, an das viele Heu, das es immer bekam, und an den guten Sankt Nikolaus, der ihm beim Fressen jedesmal über den Rücken strich.

Traurig stapfte das Eselchen vorwärts; hie und da fiel ein Tannenzapfen herunter, oder es krachte ein dürrer Ast; aber sonst war alles still.

Die Dämmerung kam, und dem Eselchen wurde es unheimlich. Wenn es nur den Weg gewußt hätte! Wenn es doch nur wieder daheim wäre, dachte es betrübt und senkte den Kopf tief, tief herunter.

Nachdem der gute Sankt Nikolaus seine Suppe gegessen hatte, ging er in den Stall, um das Eselchen herauszuholen. Aber da war kein Eselchen mehr! Er suchte es überall und fragte alle Leute, ob sie sein Eselchen nicht gesehen hätten; aber niemand hatte es gesehen. Da kam er auf die Straße und sah im Kartoffelacker Spuren von kleinen Hufen. Er ging den Spuren nach, und richtig, als Sankt Nikolaus den Hügel hinter dem Dorf hinanstieg, sah er das Eselchen ganz traurig stehen. Es war so müde, daß es nicht einmal den Kopf wandte, als es Schritte hörte.

„Graues!" rief Sankt Nikolaus.

Potztausend, was machte es da für einen Sprung, und wie lief es hin zu Sankt Nikolaus, den es, obwohl es ganz dunkel war, gleich erkannte. Es wieherte vor Freude, schmiegte sich dicht an ihn und rieb seinen Kopf an dem weichen, wohlbekannten Pelzmantel.

„Aber Graues", sagte Sankt Nikolaus, „was machst du für Sachen!"

Da schämte sich das Eselchen ganz gewaltig.

Sankt Nikolaus nahm es am Zaum; die beiden guten Freunde trotteten durch den Schnee zur nächsten Herberge, und als das Eselchen auf sauberem Stroh im Stall stand, das duftende Heu vor sich, und Sankt Nikolaus es hinter den Ohren kraulte, da dachte es bei sich: Diesmal bist du aber ein wirklicher Esel gewesen!

Winfried Wolf

Der kleine Nikolaus

Am Nikolausabend sprang plötzlich die Tür auf – ein sehr, sehr kleiner Nikolaus kam herein!

Er hatte meinen dicken Wintermantel an, den er auf dem Boden hinter sich herzog. Mein einziger Hut war ihm über Stirn und Ohren gerutscht. In einer Hand hielt er einen Müllsack, in der anderen einen alten Reisigbesen.

Der kleine Nikolaus schlurfte auf mich zu – in meinen Winterstiefeln! –, blieb vor mir stehen und sagte mit einer tiefen Stimme: „Bist du der Vater von Felix und Clemens?"

Ich nickte.

„Aha", brummelte der kleine Nikolaus, kramte dann ein altes Heft aus dem Müllsack und sagte: „Leider, leider sehe ich da viele große Sünden! Zum Beispiel gibst du deinen Kindern viel zu wenig Süßigkeiten. Außerdem schickst du sie zu früh ins Bett, und fernsehen dürfen sie auch sehr selten. Und was ganz Schlimmes: Du spielst zu wenig mit ihnen!"

Jetzt machte der kleine Nikolaus den Müllsack auf und sprach: „Zur Strafe stecke ich dich nun in den Sack!"

Folgsam stieg ich in den Sack, aber er reichte mir nur bis an die Knie. Der kleine Nikolaus war sprachlos.

„Na gut", brummte er dann, „diesmal hast du Glück gehabt, doch um die Rute kommst du nicht herum!"

„Nein", schüttelte ich den Kopf, „ich glaube nicht, daß du der richtige Nikolaus bist!"

„Wieso nicht?" fragte er erstaunt.

„Weil der richtige Nikolaus nicht bestraft, sondern lobt und etwas Schönes mitbringt", antwortete ich.

„Der wirkliche Nikolaus", erzählte ich, „war nämlich ein sehr guter Mensch. Und weil er besonders die Kinder liebte und sie beschenkte, feiern wir jedes Jahr zu seinem Andenken das Nikolausfest."

„Aber der Nikolaus hat doch eine Rute!" rief der kleine Nikolaus.

„Nein", sagte ich, „der richtige Nikolaus war ein Bischof und trug deswegen immer einen Bischofsstab mit sich. Die Rute haben Väter und Mütter dazuerfunden, die glauben, daß ihre Kinder nur gehorchen, wenn man ihnen angst macht."

„Und der richtige Nikolaus", fragte der kleine Nikolaus, „beschenkt auch die Kinder, die nicht immer so brav waren?"

„Natürlich", erwiderte ich, „schließlich sind die Erwachsenen ja auch nicht immer nur brav."

„Und das stimmt wirklich, daß auch die nicht so braven Kinder ein Geschenk bekommen?" wollte der kleine Nikolaus wissen.

„Ja", bestätigte ich, „das ist wahr."

„Also gut", sagte der kleine Nikolaus da erleichtert, „ich bin gar nicht der richtige Nikolaus, ich bin der Clemens. Aber du hast mich nicht erkannt, oder?"

„Nein", wehrte ich ab, „darauf wäre ich nie gekommen, daß du der Clemens bist!"

„Gut", sagte der kleine Nikolaus Clemens, „dann hole ich jetzt schnell den Felix, und dann soll der richtige Nikolaus kommen, ja!"

Theodor Storm

Knecht Ruprecht

Von drauß', vom Walde komm ich her;
Ich muß euch sagen, es weihnachtet sehr!
Allüberall auf den Tannenspitzen
Sah ich goldene Lichtlein sitzen;
Und droben aus dem Himmelstor
Sah mit großen Augen das Christkind hervor.
Und wie ich so strolcht' durch den finstern Tann,
Da rief's mich mit heller Stimme an:
„Knecht Ruprecht", rief es, „alter Gesell,
Hebe die Beine und spute dich schnell!
Die Kerzen fangen zu brennen an,
Das Himmelstor ist aufgetan,
Alt' und Junge sollen nun
Von der Jagd des Lebens einmal ruhn;
Und morgen flieg ich hinab zur Erden,
Denn es soll wieder Weihnachten werden!"
Ich sprach: „O lieber Herre Christ,
Meine Reise fast zu Ende ist;
Ich soll nur noch in diese Stadt,
Wo's eitel gute Kinder hat."
– „Hast denn das Säcklein auch bei dir?"
Ich sprach: „Das Säcklein, das ist hier;
Denn Äpfel, Nuß und Mandelkern
essen fromme Kinder gern."
– „Hast denn die Rute auch bei dir?"
Ich sprach: „Die Rute, die ist hier;
Doch für die Kinder nur, die schlechten,
Die trifft sie auf den Teil, den rechten!"
Christkindlein sprach: „So ist es recht;
So geh mit Gott, mein treuer Knecht!"
Von drauß', vom Walde komm ich her;
Ich muß euch sagen, es weihnachtet sehr!
Nun sprecht, wie ich's hierinnen find!
Sind's gute Kind', sind's böse Kind'?

Irina Korschunow

Der kleine Flori und der Nikolaus

Der kleine Flori war vom ersten Schultag an ein ganz schlimmer Schlamper. Dauernd ließ er irgend etwas im Schulzimmer liegen, die Mütze oder seine Handschuhe, die Fibel, das Rechenbuch, die Tafel, ein Heft oder das Federmäppchen. Manchmal vergaß er sogar alles miteinander und lief mit leerem Schulranzen heim. Und es kam noch schlimmer: Eines Nachmittags nämlich, als Flori die vergessene Fibel holen wollte, lag sie nicht mehr auf seiner Bank. Flori suchte und suchte, aber die Fibel war wie weggeblasen. Am nächsten Tag konnte Flori das Rechenbuch nicht finden, am übernächsten Tag war die Tafel fort. Das war kurz vor dem Nikolaustag, und die Mutter meinte: „Ich glaube, diesmal bringt der Nikolaus höchstens eine Rute."

Aber das glaubte Flori auf keinen Fall. In den vergangenen Jahren war der Nikolaus immer nett zu ihm gewesen. Sicher würde er auch in diesem Jahr nichts von der Schlamperei gemerkt haben und wieder die guten Mandellebkuchen mitbringen, die Flori so gerne aß und die nur der Nikolaus hatte.

Ja, und dann kam er, der Nikolaus! Er pochte laut an die Tür und stapfte herein in seinem roten Mantel und mit der Bischofsmütze aus Gold. Auch einen vollen Sack hatte er dabei, und Flori schaute schon beim Beten nur auf den Sack und überlegte, an welcher Stelle wohl die Lebkuchen für ihn stecken mochten. Aber der Nikolaus machte gar keine Anstalten, Lebkuchen aus dem Sack zu holen. Er sah den Flori mit gerunzelter Stirn an, so streng wie noch nie.

„Warst du auch brav, Flori?"

„Ja", sagte Flori schnell, obwohl er natürlich genau wußte, daß das nicht ganz stimmte.

„So, so", brummte der Nikolaus, „brav warst du? Und immer recht ordentlich? Und du hast nie etwas verschlampt oder vertrödelt?"

Jetzt sagte Flori gar nichts mehr. Nur sein Herz klopfte laut.

„Was meinst du wohl, was ich dir mitgebracht habe?" fragte der Nikolaus und griff nach seinem Sack.

„Ma-Ma-Ma-Mandellebkuchen", stotterte Flori.

Aber der Nikolaus schüttelte den Kopf.

„Für Mandellebkuchen war im Sack kein Platz mehr", sagte er, „weil ich doch so viele andere Dinge für dich einpakken mußte. Hier, dies zum Beispiel …"
Und was holte er aus dem Sack? Die Fibel!

„Und dies …" Das Rechenbuch!

83

„Und das … Und das …" Die Tafel, Floris Pudelmütze, den linken Handschuh, die Bastelschere, drei Bleistifte, eine Schachtel Malkreide – eins nach dem anderen holte der Nikolaus hervor. Nur keinen Mandellebkuchen, nicht einmal ein einziges Stück!

„Also dann bis zum nächsten Jahr, kleiner Flori", meinte der Nikolaus freundlich. „Und wenn ich dann nicht soviel Trödelkram für dich mitbringen muß, hab ich auch sicher Platz für Lebkuchen."

Und er stapfte wieder aus der Stube hinaus.

Da stand er, der Flori, und hatte nichts, überhaupt nichts vom Nikolaus bekommen! Eigentlich ist das eine traurige Geschichte.

Aber zum Glück geht sie gut aus. Weil nämlich der heilige Nikolaus ein guter Mann ist, und weil sich der kleine Flori von diesem Tag an große Mühe gab und fast gar nichts mehr verschlampte, lag in der Woche vor Weihnachten auf einmal eine bunte Schachtel im Briefkasten. „An den kleinen Flori" stand darauf.

Könnt ihr euch denken, was in der Schachtel war? Mandellebkuchen natürlich, wie es sie nur beim Nikolaus gibt.

Nikolaus, verrate mir

1. Ni - ko - laus, ver - ra - te mir, hast du auch ei - ne Frau? Zum Re - den, Schmu - sen und zum Ku - scheln und zärt - lich durch die Haa - re wu - scheln? Sag, kit - zelt dein Bart bei je - dem Kuß, so daß dei - ne Frau herz - lich la - chen muß?

2. Nikolaus, verrate mir, hast du vielleicht auch Kinder?
   Mit denen du Kassetten hörst
   und manchmal auch die Nachbarn störst?
   Sind deine Kinder genau wie ich
   oder immer lieb und ordentlich?

3. Nikolaus, verrate mir, hast du vielleicht ein Fahrrad?
   Mit dem du durch die Matsche braust
   und dich dabei total versaust?
   Im Sommer, beim Radeln, behältst du auch dann,
   Pelzstiefel, Mantel und Handschuhe an?

4. Nikolaus, verrate mir, putzt du dir gern die Zähne?
   Ob du beim Haarewaschen schreist,
   wenn Seife in den Augen beißt?
   Mir kannst du's sagen, mir allein,
   es soll unser Geheimnis sein!

Melodie: Knister

Ursula Wölfel

Nikolaus und Nikolaus

Cornelia hat in der Schule erzählt: „Zu mir kommt der Nikolaus immer nur nachts, wenn ich schlafe. Dann tut er mir leckere Sachen in meine Schuhe, aber gesehen habe ich ihn noch nie."

Doch dann stapft am Nikolausabend etwas über den Vorplatz. Man hört, daß da jemand mit riesigen Stiefeln kommt, und er schnauft und hustet schrecklich. Dann schellt es und schellt, und jemand ruft mit tiefer Stimme: „Cornelia! Cornelia! Komm her, der Nikolaus ist da!"

Cornelia will zuerst gar nicht zur Tür gehen, aber die Mutter lacht und schiebt sie vor sich her, und der Vater sagt: „Ich bleibe ja in der Nähe!"

Cornelia macht die Tür auf, und da steht ein Nikolaus, kaum größer als sie selbst!

Er trägt einen braunen Pelzmantel, der geht ihm bis auf die großen Gummistiefel. Eine rote Zipfelmütze hat er sich tief in die Stirn gezogen, und natürlich hat er auch einen Sack auf dem Rücken und am Kinn einen Bart.

„Ich bin der Nikolaus!" sagt er. „Du bist ja immer ein liebes Kind gewesen, Cornelia. Willst du auch immer so lieb bleiben? Dann sehe ich mal nach, was ich für dich in meinem Sack habe."

Ehe Cornelia antworten kann, hört man schon wieder etwas stapfen und brummen und prusten – und da kommt noch ein Nikolaus, ein langer, dünner. Der trägt einen feuerroten Mantel und eine hohe Bischofsmütze, und auf seiner Nase sitzt eine große Brille. Einen Bart hat er natürlich auch.

„Nanu!" sagt er, wie er den Pelzmantel-Nikolaus sieht.

„Was willst du denn hier?" ruft der Kleine. „Ich bin doch der Nikolaus!"

„Hm", macht der Große und rückt seine Brille zurecht und streicht sich den Bart. „Du bist wohl Cornelias Nikolaus vom vorigen Jahr? Natürlich, mit so kurzen Beinen in so schweren Stiefeln! Da braucht man viel Zeit, um hierherzukommen."

„Wenn du frech werden willst, dann kriegst du etwas mit der Rute!" sagt der Kleine.

Der Große schüttelt den Kopf und sagt: „Wir dürfen uns doch nicht streiten! Was soll denn Cornelia von uns denken? Sie fängt nie Streit an. Wir brauchen sie gar nicht zu fragen, ob sie brav gewesen ist. Komm, wir wollen lieber unsere Säcke ausleeren!"

Und der kleine und der große Nikolaus schnüren ihre Säcke auf, und durcheinander und übereinander rollen Äpfel und Nüsse und Süßigkeiten auf den

Boden, und sechs bunte Farbtuben sind auch dabei! Cornelia bückt sich – und schon sind die beiden Nikoläuse fort, ganz leise.

„Ich weiß nicht …" sagt Cornelia. „Den Pelzmantel von dem kleinen Nikolaus, den kenn ich doch! Und solche Gummistiefel gibt es nur bei Martin in der Gärtnerei. Und der Mantel von dem großen Nikolaus sah aus wie der Mantel von Evchens großer Schwester. Versteht ihr das?"

Max Bolliger

Eine Wintergeschichte

Es war einmal ein Mann. Er besaß ein Haus, einen Ochsen, eine Kuh, einen Esel und eine Schafherde.

Der Junge, der die Schafe hütete, besaß einen kleinen Hund, einen Rock aus Wolle, einen Hirtenstab und eine Hirtenlampe.

Auf der Erde lag Schnee. Es war kalt, und der Junge fror. Auch der Rock aus Wolle schützte ihn nicht.

„Kann ich mich in deinem Haus wärmen?" bat der Junge den Mann.

„Ich kann die Wärme nicht teilen. Das Holz ist teuer", sagte der Mann und ließ den Jungen in der Kälte stehen.

Da sah der Junge einen großen Stern am Himmel. Was ist das für ein Stern? dachte er. Er nahm seinen Hirtenstab, seine Hirtenlampe und machte sich auf den Weg.

„Ohne den Jungen bleibe ich nicht hier", sagte der kleine Hund und folgte seinen Spuren.

„Ohne den Hund bleiben wir nicht hier", sagten die Schafe und folgten seinen Spuren.

„Ohne die Schafe bleibe ich nicht hier", sagte der Esel und folgte ihren Spuren.

„Ohne den Esel bleibe ich nicht hier", sagte die Kuh und folgte seinen Spuren.

„Ohne die Kuh bleibe ich nicht hier", sagte der Ochse und folgte ihren Spuren.

Es ist auf einmal so still, dachte der Mann, der hinter seinem Ofen saß. Er rief nach dem Jungen, aber er bekam keine Antwort. Er ging in den Stall, aber der Stall war leer. Er schaute in den Hof hinaus, aber die Schafe waren nicht mehr da.

„Der Junge ist geflohen und hat alle meine Tiere gestohlen", schrie der Mann, als er im Schnee die vielen Spuren entdeckte.

Doch kaum hatte der Mann die Verfolgung aufgenommen, fing es an zu schneien. Es schneite dicke Flocken. Sie deckten die Spuren zu. Dann erhob sich ein Sturm, kroch dem Mann unter die Kleider und biß ihn in die Haut. Bald wußte er nicht mehr, wohin er sich wenden sollte. Der Mann versank immer tiefer im Schnee.

„Ich kann nicht mehr!" stöhnte er und rief um Hilfe.

Da legte sich der Sturm. Es hörte auf zu schneien, und der Mann sah einen großen Stern am Himmel.

Was ist das für ein Stern? dachte er.

Der Stern stand über einem Stall, mitten auf dem Feld. Durch ein kleines Fenster drang das Licht einer Hirtenlampe.

Der Mann ging darauf zu. Als er die Tür öffnete, fand er alle, die er gesucht hatte, die Schafe, den Esel, die Kuh, den

Ochsen, den kleinen Hund und den Jungen.

Sie waren um eine Krippe versammelt. In der Krippe lag ein Kind. Es lächelte ihm entgegen, als ob es ihn erwartet hätte.

„Ich bin gerettet", sagte der Mann und kniete neben dem Jungen vor der Krippe nieder.

Am anderen Morgen kehrten der Mann, der Junge, die Schafe, der Esel, die Kuh, der Ochse und auch der kleine Hund wieder nach Hause zurück. Auf der Erde lag Schnee.

Es war kalt.

„Komm ins Haus", sagte der Mann zu dem Jungen, „ich habe Holz genug. Wir wollen die Wärme teilen."

Ludvik Askenazy

Der lebendige Weihnachtsbaum

Es war ein frostiger Tag, und ein durchfrorener Vater suchte einen Weihnachtsbaum. Aber im Wald war nichts mehr zu finden. Jetzt stand er da im Frost und ohne Weihnachtsbaum. Da kam ein Hirsch auf ihn zu und sagte mit Menschenstimme: „Ich weiß, du suchst einen Weihnachtsbaum, und ich will schon immer einer werden. Schau, mein Geweih. Es ist mit Moos überwachsen, es glitzert und riecht nach Tannennadeln."

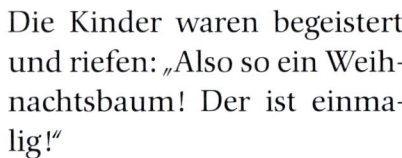

Und es roch wirklich nach Tannennadeln.

„Komm doch mit", sagte der Vater. „Aber du darfst nichts verraten."

„Ist doch klar", sagte der Hirsch. „Nur möchte ich, daß der Stern auf der Spitze ganz golden ist, und viele farbige Kugeln möchte ich auch."

„Kann ich auf dir auch Kerzen anzünden?" fragte der Vater.

„Ja", sagte der Hirsch, „aber bitte vorsichtig mit Engelshaar."

So nahm der Vater den Hirsch mit nach Hause und schmückte ihn ganz geheim, aber geschmackvoll. „Röhren darfst du nicht", sagte der Vater, „als Weihnachtsbaum mußt du deine Schnauze halten."

„Welcher Christbaum röhrt schon?" fragte der Hirsch entrüstet.

Die Kinder waren begeistert und riefen: „Also so ein Weihnachtsbaum! Der ist einmalig!"

„Der ist wirklich einmalig", sagte der Vater und zwinkerte zum Hirsch. Und der Hirsch zwinkerte zurück.

Später am Abend hörte man auf einmal vor dem Fenster ein leises Röhren. Da wurde der Weihnachtsbaum unruhig, und dann röhrte er auch.

Die Kinder sagten: „Papi, der Weihnachtsbaum röhrt."

„Was einem heutzutage alles als Weihnachtsbaum verkauft wird", sagte der Vater. „Unglaublich."

Da sagte der Weihnachtsbaum: „Entschuldigt bitte, aber mein bester Freund ist da."

Und er röhrte ganz wehmütig.

Dann ging er hinaus in die weiße Sternennacht. Die Kinder liefen ihm nach, weil ihnen der Weihnachtsbaum so gefiel.

Und der Weihnachtsbaum sagte: „Kommt mit in den Wald, wo die Tiere feiern. Die brauchen auch einen Weihnachtsbaum."

Und die Kinder gingen hinter den beiden Hirschen her bis zur Lichtung. Da waren viele Tiere versammelt, die sich über den außergewöhnlichen Weihnachtsbaum freuten. Der Weihnachtsbaum röhrte ein Lied, und die Tiere summten mit. Und als Bescherung bekam jedes Tier eine goldene Nuß vom Weihnachtsbaum und einen Zimtstern. Und das Licht auf der Lichtung war bläulich.

Regine Schindler

Die Weihnachtswiese

Mitten auf der Waldwiese stand der Tannenbaum. Die Buchen und Eichen rundherum waren sehr groß. Sie waren stolz. Sie sagten: „Wir haben schöne grüne Blätter. Wir haben Äste, die bis zum Himmel reichen."

Da dachte der Tannenbaum an seine Nadeln. Sie waren dünn und spitz. „Wenn ich nur Blätter hätte wie die Buchen und Eichen", seufzte er.

Unter den großen Bäumen saßen oft Kinder. Sie packten ihr Essen aus. Sie spielten. „Wie schön ist der Schatten der Bäume", sagten sie.

„Wozu bist du überhaupt da?" fragten die Buchen die Tanne.

„In meinen Ästen kann die Grasmücke ihr Nest verstecken."

„Aber die Menschen kommen nicht zu dir", sagten die Eichen und lachten den Tannenbaum aus.

Im Herbst wurden die Blätter der großen Bäume gelb, braun und rot. Sie glänzten in der Sonne. Der kleine Tannenbaum dachte an seine dünnen Nadeln und wurde traurig. Er konnte außer Traurigsein gar nichts mehr tun und merkte nicht, daß die schönen bunten Blätter bald abfielen und faul wurden.

Erst als die ersten Schneeflocken über dem Wald tanzten, wurde er wach. „Was sollen die weißen Sterne?" dachte er. Er schaute nach oben und sah, daß die Äste der Buchen und Eichen kahl waren. Es war kalt.

Da hörte der Tannenbaum Stimmen. „Da ist ein herrlicher grüner Baum!" rief ein Kind.

Wo war wohl der herrliche Baum? Der Tannenbaum schaute um sich und konnte nichts Grünes erkennen. Bald aber war er von vielen Kindern umringt. Sie steckten in dicken Mänteln und hatten Halstücher umgebunden. Er schaute sie erstaunt an und sah, daß jedes der Kinder eine Kerze an einen seiner Äste steckte. Erst da merkte er, daß seine Nadeln immer noch grün waren, so grün wie im Sommer. Und er wußte: „Ich bin der herrliche grüne Baum."

Die Kerzen wurden angezündet. Die Kinder standen in einem Kreis um den Baum und sangen viele Lieder. „Für mich", dachte der Tannenbaum. Er freute sich, daß die Menschen mitten im Winter zu ihm gekommen waren. Die Buchen und Eichen aber waren ganz still.

Im nächsten Sommer saßen wieder Kinder unter den großen Bäumen. Sie aßen und spielten.

Ein kleiner Bub rief: „Da ist ja unser Tannenbaum."

„Das ist unsere Weihnachtswiese", sagte ein Mädchen.

Stolz schauten die Buchen und Eichen auf den Tannenbaum hinab. Der Tannenbaum freute sich und dachte: „Ich kann warten, bis die Blätter bunt werden. Ich kann warten, bis die großen Bäume kahl sind. Ich kann warten, bis die weißen Sterne vom Himmel tanzen."

Ernst Anschütz

O Tannenbaum

1. O Tan-nen-baum, o Tan-nen-baum, wie grün sind dei-ne Blät-ter! Du grünst nicht nur zur Som-mer-zeit, nein auch im Win-ter, wenn es schneit. O Tan-nen-baum, o Tan-nen-baum, wie grün sind dei-ne Blät-ter!

2. O Tannenbaum, o Tannenbaum,
du kannst mir sehr gefallen.
Wie oft hat nicht zur Weihnachtszeit
ein Baum von dir mich hoch erfreut.
O Tannenbaum, o Tannenbaum,
du kannst mir sehr gefallen.

3. O Tannenbaum, o Tannenbaum,
dein Kleid will mich was lehren:
Die Hoffnung und Beständigkeit
gibt Trost und Kraft zu jeder Zeit.
O Tannenbaum, o Tannenbaum,
dein Kleid will mich was lehren.

Renate Welsh

Lisa und ihr Tannenbaum

Im Sommer hat Lisa ihn entdeckt: den schönsten Tannenbaum weit und breit. Mitten auf einer Lichtung steht er, ganz allein, hat Äste und Zweige bis zum Boden. Wenn

Lisa auf den Zehenspitzen steht, kann sie seinen Wipfel anfassen. Die Nadeln an den Spitzen der Zweige sind hellgrün und weich. Lisa streichelt sie.

Sie stellt sich vor den Tannenbaum und singt: „O Tannenbaum, o Tannenbaum!" Weihnachtslieder singt sie am liebsten im Sommer. „Das wird unser Christbaum", sagt sie.

Die Eltern erklären: „Man darf Bäume nicht einfach abschlagen."

„Warum?" fragt Lisa.

„Weil sie jemandem gehören", sagt der Vater.

Lisa will wissen, ob dieser Jemand die Bäume gepflanzt hat.

„Manche", sagt der Vater. „Manche hat der Wind gesät oder die Vögel …"

Lisa denkt nach: „Dieser ist ein Wind- und Vogelbaum, der gehört dem Wind und den Vögeln."

„Und die verkaufen ihn nicht", sagt die Mutter.

„Aber ich will nur den", sagt Lisa.

Immer wieder geht Lisa ihren Baum besuchen. Einmal hängt ein Spinnennetz in den Zweigen, darin funkeln ein paar Regentropfen. Lisa bringt eine Glaskugel mit und hängt sie an einen Zweig. Wie schön wird der Baum erst sein mit vielen Glaskugeln, mit Lebkuchen, Schokoladenherzen und mit Kerzen!

Es wird Herbst. Das Gras auf der Lichtung ist gelb und braun. Die Birken am Waldrand haben nur noch fünf Blätter. Auf der Spitze des Tannenbaums hängt ein goldenes Birkenblatt.

„Bald ist es soweit", sagt Lisa.

Der Vater holt die Glaskugeln vom Schrank. Die Mutter bastelt Strohsterne, und Lisa malt ihrem Nußschalenkind einen roten Mund. Der Vater putzt die Glaskugeln, aus der Schachtel fallen vertrocknete Tannennadeln.

Plötzlich erinnert sich Lisa an den Dreikönigstag im letzten Jahr. Sie erinnert sich, wie sie den Christbaum abgeräumt haben. Fast alle Nadeln sind heruntergefallen. Übrig blieben ein trauriger kahler Stamm und traurige kahle Äste und ein trauriges Häufchen grauer Nadeln auf dem Fußboden.

„Morgen holen wir deinen Tannenbaum!" sagt der Vater. „Ich habe mit dem Förster gesprochen."

Lisa schüttelt den Kopf.

Die Mutter sieht den Vater an. Der Vater sieht die Mutter an.

„Warum denn nicht?" fragen beide.

Lisa beginnt zu weinen. Die Mutter

streichelt ihr über den Kopf. Der Vater hebt sie auf seinen Schoß. Lisa schluchzt in seinen Pullover hinein.

Plötzlich sagt die Mutter: „Ich habe eine Idee."

Am Weihnachtsabend kommen die Großeltern, Tante Carola und Onkel Michael.

„Nicht ausziehen", sagt Lisa. „Warum nicht?" fragt Oma.

Lisa macht ein geheimnisvolles Gesicht. Die Mutter reicht allen Gummistiefel. Oma bekommt noch ein dickes warmes Tuch. Sie steigen ins Auto. Es ist eng im Wagen mit so vielen Menschen drin, eng und schön warm. Der Großvater will wissen, wohin sie fahren, aber die Eltern und Lisa verraten nichts.

Am Waldrand bleiben sie stehen. Nebelfetzen wirbeln an den Bäumen entlang. Lisa rutscht auf den nassen Blättern. Es ist dunkel zwischen den Bäumen. Der Lichtstrahl von Vaters Taschenlampe zittert. Dicke Tropfen platschen auf die Nasen. Sie kommen zu der Lichtung.

Lisa läuft zu ihrem Tannenbaum. Die Mutter steckt Kerzen an die Äste. Der Vater hängt Nüsse an die mittleren Zweige. Lisa hängt Karotten an die unteren Zweige. Die Mutter hängt Meisenringe an die obersten Zweige. Sie kramt in ihrem Korb: „Wo sind die Streichhölzer?"

Der Großvater zieht sein Feuerzeug aus der Tasche. Er zündet die Kerzen an und die Sternspucker. Sie halten sich alle an den Händen und gucken den Baum an. Oma fängt an zu singen. Sie singen alle Weihnachtslieder, die sie kennen.

Plötzlich lacht Lisa. „Schaut, man sieht unsere Lieder!" Man sieht sie wirklich. Als weiße Fahnen und weiße Kringel in der kalten Luft.

„Hasen!" ruft Lisa, „Eichhörnchen! Meisen! Kommt, euer Christbaum ist fertig!"

Kein Hase kommt, kein Eichhörnchen und keine Meise. Lisas Füße werden kalt und kälter. Auch die Großmutter tritt schon von einem Fuß auf den anderen.

Die Mutter sagt: „Ich glaube, die kommen erst, wenn wir weg sind."

Lisa lehnt sich an die Mutter und blickt in die Höhe. Zwischen den Wolken leuchtet ein Stern.

Am nächsten Tag gehen alle noch einmal in den Wald. Die ganze Lichtung ist voller Rauhreif. Alle Nüsse sind weg. Eine einzige Karotte hängt noch da, und die ist zur Hälfte angeknabbert. In die Meisenringe sind große Löcher gepickt. Lisa umarmt einen nach dem anderen. „Na seht ihr", sagt sie.

Erwin Moser

Die Weihnachtsmäuse

Im Haus der Familie Horvath gab es einen kleinen Raum, den alle Familienmitglieder „Speisekammer" nannten. Er war aber eigentlich mehr ein Abstellraum, ein Besenkammerl. Früher, zu Großvaters Zeiten, als es noch keine Kühlschränke gab, war er eine richtige Speisekammer gewesen. Nun waren die Regale der Speisekammer mit leeren Flaschen, alten Schuhen, vergilbten Zeitungen, leeren Kartons und anderem Krimskrams gefüllt. Nur in einem Fach stand noch eine lange Reihe von Marmeladegläsern.

Im Dezember, als die Tage und Nächte immer kälter geworden waren, hatten sich zwei Hausmäuse vom Dachboden in dieser Speisekammer einquartiert. Die Kälte hatte sie heruntergetrieben. Irgendwie hatten sie einen Weg in die Speisekammer gefunden. Wie – das wußten nur die Mäuse selber. Für Menschen wird es ewig unverständlich bleiben, wie Mäuse in geschlossene Räume eindringen können. Das ist das große Geheimnis des Mäusevolkes!

In der Speisekammer war es viel angenehmer als auf dem zugigen Dachboden, denn sie lag direkt neben dem geheizten Wohnzimmer. Die beiden Mäuse bauten sich ein weiches, bequemes Nest in dem Karton mit Weihnachtsschmuck, und es gefiel ihnen recht gut in ihrer neuen Umgebung. Der Speisezettel ließ zwar zu wünschen übrig – die Mäuse konnten nur Marmelade essen –, aber sie hatten es warm, und das war ihnen für den Augenblick das Wichtigste.

Doch dann trat ein Ereignis ein, das den beiden Hausmäusen wie ein Wunder vorkam! Einige Tage vor Weihnachten backte Mutter Horvath große Mengen von Weihnachtsbäckerei. Drei volle Teller mit den verschiedensten Köstlichkeiten stellte sie in das Regal in der Speisekammer.

Als sie die Tür hinter sich geschlossen hatte, kamen die Mäuse aus ihrem Versteck hervor und begannen nach Herzenslust, die frischen Bäckereien zu benagen. Und wie hungrig sie waren! Sie konnten beinahe nicht mehr aufhören zu essen.

Während die Mäuse bei ihrem Mahl saßen, öffnete sich plötzlich ganz, ganz leise die Speisekammertür. Elisabeth, die neunjährige Tochter der Horvaths, schlich herein. Sie wollte nämlich an den Bäckereien naschen und war deswegen so leise, weil es ihr die Mutter verboten hatte. Natürlich – Weihnachtsbäckerei ist für Weihnachten und für die Feiertage danach bestimmt!

Die beiden Hausmäuse bemerkten Elisabeth nicht sofort, und so konnte das Mädchen sie einige Augenblicke lang beobachten. Dann allerdings spürten die Mäuse die Anwesenheit des Menschen und huschten gedankenschnell in ihr Versteck. Elisabeth war entzückt von dieser seltenen Beobachtung. „Ihr braucht keine Angst zu haben, Mäuse!" flüsterte sie. „Ich tue euch nichts. Ich werde auch nicht verraten, daß ihr genascht habt!" Elisabeth guckte vorsichtig hinter die Kartons, aber von den Mäusen war nichts mehr zu sehen. Nicht einmal eine Schwanzspitze. Da hörte sie die Mutter ihren Namen rufen, und Elisabeth verließ rasch die Speisekammer.

In den darauffolgenden Tagen besuchte Elisabeth mindestens zehnmal die Speisekammer. Sie tat es heimlich, wenn Mutter gerade in der Küche beschäftigt war. Die Mäuse sah das Mädchen nicht mehr, aber es bemerkte mit Wohlwollen, daß weitere Bäckereien benagt worden waren. „Ich werde euch ein bißchen Wurst und Käse bringen", sagte Elisabeth einmal. „Von den vielen Süßigkeiten verderbt ihr euch sonst den Magen." Und dann war der 24. Dezember da!

Am Nachmittag besuchte Elisabeth ihre Freundin, die drei Häuser weiter wohnte, während ihre Eltern den Weihnachtsbaum schmückten.

Als Elisabeth gegen Einbruch der Dunkelheit nach Hause kam, stand bereits der Christbaum in all seiner Pracht auf dem Tisch im Wohnzimmer.

„Stell dir vor, Lisi", sagte die Mutter, „in der Speisekammer sind Mäuse. Sie haben unsere gute Weihnachtsbäckerei angefressen. Ich mußte viel davon wegwerfen. Vater hat bereits einige Mausefallen aufgestellt."

„Nein!" rief Elisabeth heftig. „Das dürft ihr nicht tun! Das ist gemein von euch!" Mutter machte ein bestürztes Gesicht. „Aber Lisi!" rief sie.

Elisabeth lief in die Speisekammer und stieß mit einem Besenstiel die Mausefallen aus dem Regal. Sie hatte Tränen in den Augen und war sehr wütend.

Vater kam in das Zimmer. „Was ist denn hier los?" fragte er, als er seine zornige Tochter sah.

„Ich weiß nicht", sagte die Mutter ein bißchen hilflos. „Ich verstehe das nicht." Elisabeth gab den Mausefallen Tritte. Nun heulte sie drauflos.

Vater begann schön langsam zu begreifen. „Aber Lisi", sagte er, „es ist doch nichts Ungewöhnliches, daß man Mausefallen aufstellt, wenn Mäuse im Haus sind. Mäuse sind üble Schädlinge!"

„Diese nicht!" heulte Elisabeth. „Sie haben bloß Hunger … und … und sie sind genauso von Gott erschaffen … alle Tiere sind das … und heute ist doch Weihnachten …"

Mutter und Vater sahen sich betroffen an.

„Beruhige dich, mein Sonnenscheinchen", sagte Vater milde und drückte Elisabeth an sich. „Du hast ja recht … Weißt du was? Gleich morgen früh werden wir die Mäuse gemeinsam suchen. Wir geben sie in eine Schachtel und tragen sie in die Scheune. Dort haben sie

es viel schöner als in der muffigen Speisekammer. Im Stroh ist es warm, und dort finden sie auch viele Getreidekörner, so daß sie nicht hungern müssen. Einverstanden?"

Elisabeth schluchzte, aber schließlich nickte sie. Mutter drehte seufzend die Augen zum Himmel. Aber sie lächelte dabei.

Der Abend war gerettet, und es wurde noch ein schönes Weihnachtsfest. Unter den vielen Geschenken, die Elisabeth bekam, befanden sich auch eine kleine Puppenküche und ein Puppenschlafzimmer. Elisabeth war glücklich.

Als die Familie Horvath schlafen gegangen war und im Haus alles still war, kamen die zwei Mäuse aus der Speisekammer in das Wohnzimmer geschlichen. Die Horvaths hatten nämlich vergessen, die Speisekammertür zu schließen.

Die Hausmäuse schnupperten. Zweierlei rochen sie: würzigen Tannennadelduft vom Christbaum, und, etwas feiner, die Weihnachtsbäckerei, die auf dem Tisch unter dem Baum stand. Beide Düfte gefielen ihnen außerordentlich, und sie kletterten auf den Tisch und aßen sich noch einmal satt. Dann huschten sie durch das Wohnzimmer, berochen dies und jenes und schlüpften schließlich in Elisabeths Zimmer. Dort fanden die Mäuse in einer dunklen Ecke das Puppenschlafzimmer. Und weil sich das kleine Puppenbettchen so einladend weich anfühlte, krochen sie hinein und waren kurz darauf ebenfalls eingeschlummert …

Der Bär und der Vogel

Es war einmal ein Bär, der lebte sieben Meilen weg von den Leuten, am Fuße eines Berges, und bewohnte dort eine kleine, freundliche Höhle.

Im Sommer ging es ihm gut, verdiente er doch seinen Lebensunterhalt mit Bienenzucht und Honighandel, Beerensammeln und ähnlichen kleineren Arbeiten.

Auch mit den Waldleuten vertrug er sich gut, weil er leutselig war, auch niemals hinterlistig oder nachtragend, wenn ihn jemand aus Spaß oder aus Versehen gehänselt hatte.

Gemeinheit oder Bosheit waren ihm fremd, und er war für die anderen Tiere so wie ein lieber Großvater. Sie kamen zu ihm und flüsterten ihre Sorgen in sein Ohr, der Bär sagte nie etwas weiter.

Auch im Winter ging es ihm nicht schlecht. Er hatte ja einen warmen Mantel aus Bärenfell, und er hatte kleine Vorräte in seiner Höhle angelegt, die fast immer ausreichten.

Er hatte Honig, etwas Espenlaub (was zerrieben, mit Pilzen und Schnee angerührt, mit Honig gesüßt, ein wunderbares Bärenmahl ergibt), und er hatte Baumblätter, sauber gefaltet, unter seinem Kopfkissen gesammelt, auf denen er an langen Winterabenden die Geschichte vom Sommer lesen konnte.

Nur im letzten Winter, da war es besonders kalt. Der Wind hatte dem Bären den Schnee bis direkt vor das Bett geweht. Die Luft war wie kaltes Glas, und die Vögel fielen erstarrt in den Schnee. Und als die Heilige Nacht kam, stand der Mond kümmerlich und blaß am Himmel.

Dem Bären war es so kalt wie noch nie, und er sagte sich: „Es ist so kalt, daß ich es nicht mehr aushalten kann. Ich werde jetzt in die Stadt gehen zu den Menschen. Vielleicht treffe ich einen Bekannten oder finde einen warmen Platz am Ofen, oder jemand schenkt mir eine Brotsuppe. Heute ist die große Nacht, da sind die Menschen gut zueinander." Da hatte er auch recht.

Er rieb sich die Pfoten, ging vor die Höhle und rief in den Wald: „Geht jemand mit in die Stadt? Es gibt eine warme Brotsuppe und ein schönes Fest. Niemand?" Bloß das Echo rief zurück: Niemand.

Da ging der Bär allein den Rehweg entlang, der ja geradeaus zu den ersten Häusern führt. Lieber wäre er nicht allein gegangen, denn der Weg ist besser, wenn man ihn zu zweit wandert. Manchmal blieb er deshalb stehen, hielt die Pfoten an die Schnauze und rief: „Niemand, der mitgeht in die Stadt? Es gibt ein großes Fest."

Aber es kam keine Antwort.

Und als es immer kälter wurde und der Bär nach vorn fiel, in den Himmel sah und dann die Augen schloß, kam ein kleiner Vogel geflogen, setzte sich auf sein Ohr, pickte ihn und sagte: „Kalt ist es, Bär! Könntest du mich ein Stück tragen? Ich kann nicht mehr fliegen wegen der Kälte, und ich würde dir ein bißchen vorsingen."

Da stand der Bär auf, nahm den federleichten Vogel auf seine Schulter, und sie gingen zusammen in die Stadt.

Während sie gingen, versuchte der Vogel ein Lied, so gut es bei der Kälte möglich war. Der Bär lauschte, der Sommer fiel ihm wieder ein, und er ging ganz vorsichtig, um die Melodie nicht zu verwackeln.

Es war schon mitten in der Nacht, als sie in die Stadt kamen. Hinter den Fenstern waren die Kerzen ausgebrannt, und die Leute waren unterwegs in die Kirche. Der Bär ging hinter ihnen her und lauschte dem Lied, das der Vogel ihm ganz leise ins Ohr sang. In seinen Augen ging ein kleines Licht auf. Der Vogel sah es, wärmte sich daran, und bald schnitt ihnen auch die Kälte nicht mehr so in die Beine.

Als sie an der Kirche ankamen, ließ der Küster sie nicht hinein: „Bären und Vögel haben hier bitte keinen Zutritt. Das ist die Vorschrift. Auch kann ich keine Ausnahme machen, denn die Kirche ist überfüllt. Kinder und alte Frauen könnten sich ängstigen. Morgen oder übermorgen geht es vielleicht, denn meistens bin ich nicht so streng." Das letzte sagte er, weil heute Weihnachten war.

Aber dem Bären und dem Vogel war das egal. Sie froren nicht mehr und setzten sich neben die Tür. Der Himmel war ihnen wie ein großes Dach, und die Welt hatte keinen Anfang und kein Ende.

Kinder kamen vorbei und sagten zu ihren Müttern und Vätern: „Was ist dort mit dem Bären? Ist er ein verwunschener Prinz oder etwa der Bärenkönig persönlich?"

„Kein Prinz und kein König", sagten die Eltern, „wir haben jetzt keine Zeit, und morgen werden wir ihm etwas zu fressen bringen. Schluß jetzt!"

Als der Vogel immer leiser sang und der Bär sah, daß er die Augen zuhatte, verbarg er ihn vorsichtig und warm in seinen Pfoten und rührte sich nicht, um ihn nicht zu wecken. Auch dem Bären fielen bald die Augen zu, und er träumte das Lied zu Ende.

Inzwischen kamen die Leute aus der Kirche, gingen vorbei und nach Haus, denn das Fest hatte sie müde gemacht. Die Kirchentür wurde verschlossen, und der Küster hatte Feierabend.

Als die Nacht aber am höchsten war, kam ein Engel vorbei und trug die beiden zurück in einen Wald, in dem es niemals wieder so kalt wurde.

Anna Ritter

Denkt euch …

Denkt euch – ich habe das Christkind gesehn!
Es kam aus dem Walde, das Mützchen voll Schnee,
mit rotgefrorenem Näschen.
Die kleinen Hände taten ihm weh;
denn es trug einen Sack, der war gar schwer,
schleppte und polterte hinter ihm her –
was drin war, möchtet ihr wissen?
Ihr Naseweise, ihr Schelmenpack –
meint ihr, er wäre offen, der Sack?
Zugebunden bis oben hin!
Doch war gewiß etwas Schönes drin:
Es roch so nach Äpfeln und Nüssen!

Heinrich Hannover

Wie sich das Christkind das Bein gebrochen hatte

Als die Kinder durch den Bürgerpark liefen, hörten sie plötzlich ein Kind jammern. Auuu, auuu, auuu! Sie bogen die Büsche auseinander, und da sahen sie auf dem zugefrorenen Teich ein Kind liegen. Vorsichtig schlichen sie heran, denn das Eis war sehr glatt.

„Bist du hingefallen?" fragten sie das Kind.

„Ja, au, au, und ich glaube, ich habe mir das Bein gebrochen."

Da hoben es die Kinder vorsichtig auf und setzten es auf ihren Schlitten und zogen es durch den ganzen Bürgerpark und durch die Stadt bis zum Krankenhaus.

Unterwegs mußte nun das Kind erzählen, wie das Unglück geschehen sei.

„Ja, wißt ihr, ich bin nämlich das Christkind –"

„Was, du bist das Christkind? Wo ist denn dann der Nikolaus?"

„Ja, der hat sich schnell im Gebüsch versteckt, als ihr gekommen seid, denn er läßt sich nicht gern von Menschen sehen. Mich kriegen die Menschen ja sonst auch nicht zu sehen, aber wenn sich das Christkind das Bein bricht, kann es halt nicht von der Stelle."

„Und wo ist denn der Sack, wo die schönen Sachen für die Kinder drin sind? Denn heute abend ist doch Weihnachten!"

„Ja, heute abend ist Weihnachten", sagte das Christkind und weinte ein bißchen.

„Den Sack hat der Nikolaus bei sich. Wenn der Sack nicht wäre, dann wäre das Unglück nicht passiert. In dem Sack war nämlich auch ein Paar Schlittschuhe für irgendein liebes Kind, und da wollte ich einmal ausprobieren, wie es sich darauf läuft. Der Nikolaus hat sie mir angeschnallt, und dann bin ich losgelaufen. Aber plötzlich – plumps – bin ich hingefallen. Und so habe ich mir ein Bein gebrochen und weiß nun gar nicht, wie ich noch heute abend zu den lieben Kindern kommen soll."

„Nun wein nicht, liebes Christkind", sagten die Kinder. Und da waren sie beim Krankenhaus angelangt.

Im Krankenhaus bekam das Christkind eine Schiene an das gebrochene Bein, und dann wurde es in ein weiches Bettchen gelegt. Natürlich sprach es sich im Krankenhaus herum, daß das Christkind in Zimmer vierundzwanzig lag, und dauernd schlich sich jemand an die Tür, stellte sich auf die Zehen und schaute zu dem kleinen Fenster in der Tür ins Zimmer hinein, um einmal das

Christkind zu sehen. Als auch der Doktor hineinschaute, sah er, daß das Christkind weinte. Da ging er hinein und fragte: „Tut dir etwas weh?"

„Nein, nein", sagte das Christkind, „ich weine nur, weil heute abend doch Weihnachten ist und ich bis dahin noch nicht wieder gesund werde. Wer soll denn nun den lieben Kindern die schönen Sachen bringen?"

Da wußte der Doktor auch keinen Rat. Aber plötzlich mußte das Christkind lachen, denn ihm war ein guter Gedanke gekommen.

„Ach, Herr Doktor, bringen Sie mir doch bitte mal eine Uhr", bat es den Doktor. Und als der die Uhr brachte, da hielt das Christkind mit seinem kleinen Finger den großen Zeiger an – und da stand die Zeit still. Der Doktor schlief auf der Stelle ein, und die anderen Kranken und die Schwestern und alle Menschen auf der ganzen Welt schlie-

fen drei Wochen da, wo sie gerade lagen oder standen, und merkten nicht, daß die Zeit stillstand.

Als das gebrochene Bein vom Christkind wieder heil war, schlich es sich aus dem Bett und an all den schlafenden Menschen vorbei durch eine Hintertür aus dem Krankenhaus. Aber kurz bevor es das Haus verließ, stieß es den Zeiger wieder an, damit die Zeit weiterging.

Da wachten alle Menschen wieder auf, und im Krankenhaus erzählten sich die Kranken, die Schwestern und die Doktoren: „Das Christkind ist weg!"

Und als es dunkel wurde, hatten alle Kinder auf der Welt eine Weihnachtsbescherung, die so schön war wie alle Jahre. Besonders schön aber hatten es die Kinder, die das Christkind im Bürgerpark gefunden und ins Krankenhaus gebracht hatten. Das Christkind hatte ihnen einen neuen Schlitten und jedem ein Paar Schlittschuhe geschenkt.

James Krüss

Ladislaus und Annabella

In der Ecke eines Fensters
Unten rechts im Warenhaus
Sitzt die Puppe Annabella
Mit dem Bären Ladislaus.

Annabella weint und jammert,
Ladislaus, der grunzt und schnauft:
Weihnachtsabend ist gekommen,
Und die zwei sind nicht verkauft.

„Armer Bär!" seufzt Annabella.
„Arme Puppe!" schluchzt der Bär.
Tränen kullern in die Ecke.
Und das Herz ist beiden schwer.

In dem leeren Warenhause
Löscht man langsam Licht um Licht.
Nur in diesem einen Fenster,
Da verlöscht die Lampe nicht.

Voller Mitleid mit den beiden
Läßt der brave alte Mann
Von der Wach- und Schließ-Gesellschaft
Diese letzte Lampe an.

Dann verläßt er Annabella
Und den Bären, welcher klagt
Und mit sehr gepreßter Stimme
„Lebewohl" und „Servus" sagt.

In der menschenleeren Straße,
Abendstill und schneeverhüllt,
Sind die beiden in dem Fenster
Ein betrüblich Jammerbild.

Traurig vor der großen Scheibe
Fallen Flocken, leicht wie Flaum.
Und im Hause gegenüber
Glänzt so mancher Weihnachtsbaum.

Zehn Uhr schlägt's vom nahen Turme,
Und fast schlafen beide schon,
Da ertönt im Puppenhause
Laut das Puppentelefon.

„Hallo", fragt der Bär verschlafen.
„Hier das Kaufhaus. Wer ruft an?"
Da vernimmt er eine Stimme,
Und die brummt:
      „Der Weihnachtsmann."

„Oh", ruft Ladislaus erschrocken.
„Was darf's sein, ich bitte sehr?"
„Eine schöne Puppenstube,
Eine Puppe und ein Bär."

„Das ist alles noch zu haben!"
Ruft die Puppe Annabell.
„Kommen Sie zum Warenhause
Unten rechts, doch, bitte, schnell!"

Das ist eine Überraschung.
Ladislaus kämmt schnell den Schopf,
Und die Puppe Annabella
Flicht ein Schleifchen in den Zopf.

Und schon zehn Minuten später
kommt ein Schlitten, kommt ein Roß.
Und ein Alter steigt vom Schlitten.
Und ein Schlüssel knarrt im Schloß.

Ladislaus, der quiekt und jodelt,
Annabella lacht und singt,
Als der Weihnachtsmann die beiden
In den Pferdeschlitten bringt.

Grad in diesem Augenblicke
Kommt der brave alte Mann
Von der Wach- und Schließ-Gesellschaft
Wieder kontrollierend an.

Höflich grüßt er die Gesellschaft,
Springt zurück ins Warenhaus,
Holt die schöne Puppenstube,
Und dann trägt er sie hinaus.

Leise sagt er zu der Puppe:
„Frohes Fest, mein liebes Kind",
Während eine kleine Träne
In den großen Schnauzbart rinnt.

„Frohes Fest", sagt Annabella.
„Frohes Fest", sagt Ladislaus.
Dann wird's dunkel in dem Fenster
Unten rechts im Warenhaus.

Irina Korschunow

Steffi feiert Weihnachten

Steffi wünscht sich zu Weihnachten das rote Schaukelpferd aus dem Kaufhaus.

„Male es doch auf deinen Wunschzettel", sagt die Mutter.

Steffi nimmt ein Blatt Papier und malt ein großes rotes Pferd mit einer schwarzen Mähne.

„Jetzt bekomme ich das rote Pferd zu Weihnachten", sagt sie zu Muckel Schlappohr.

Muckel Schlappohr nickt, und Steffi freut sich auf Weihnachten.

Am Tag vor dem Heiligen Abend gehen die Mutter und Steffi noch einmal ins Kaufhaus.

Da sieht Steffi das rote Pferd. Es steht an dem gleichen Platz wie früher. Auf seinem Rücken schaukelt ein fremdes Kind.

„Das ist mein Pferd!" ruft Steffi. Sie will das Kind wegschubsen. Doch die Mutter hält Steffi fest.

„Das ist nicht dein Pferd, Steffi", sagt sie.

„Ich habe es doch auf meinen Wunschzettel gemalt!" ruft Steffi.

„Aber du hast es noch nicht bekommen", sagt die Mutter. „Es steht noch hier im Kaufhaus, und das Kind darf darauf reiten."

Steffi ist traurig. Sie freut sich nicht mehr auf Weihnachten. Sie denkt nur an das Pferd und an das fremde Kind.

Am Heiligen Abend klingelt der Vater mit dem Weihnachtsglöckchen. Bimmelim, macht es. Bimmelim.

Steffi geht in das Wohnzimmer. Dort brennen die Kerzen am Weihnachtsbaum. Es glitzert und glänzt und flimmert und leuchtet.

Und neben dem Baum steht etwas! Es ist rot. Es hat eine schwarze Mähne. Es ist … Es ist das rote Schaukelpferd!

„Das gehört dir, Steffi", sagt der Vater.

Da läuft Steffi zu dem Schaukelpferd hin.

„Guten Tag, rotes Pferd", sagt sie. „Jetzt bleibst du bei mir."

Volker Rosin

Wißt ihr, was die Frösche am Weihnachtsabend machen?

1. Wißt ihr, was die Frö-sche am Weih-nachts-a-bend ma-chen? Sie
zie-hen sich 'nen An-zug an und fan-gen dann zu sin-gen an:
quak quak quak quak quak quak quak quak quak quak quak quak!

2. Wißt ihr, was die Katzen
   Am Weihnachtsabend machen?
   Sie sehen weiße Flocken
   Und wolln am Ofen hocken.
   (miau, miau, miau …)

3. Und die Elefanten,
   Die feiern bei den Tanten.
   Sie essen aus der Schüssel.
   Trompeten mit dem Rüssel:
   (täterätätä …)

4. Wißt ihr, was die Fische
   Am Weihnachtsabend machen?
   Sie schwimmen auf und nieder
   Und blubbern Weihnachtslieder:
   (blub, blub, blub …)

5. Wißt ihr, was die Ferkel
   Am Weihnachtsabend machen?
   Sie wälzen sich im Mist!
   Ob das wohl lustig ist?
   (oink, oink, oink …
   grunz, grunz, grunz)

Melodie: Volker Rosin

James Krüss

Die Weihnachtsmaus

Die Weihnachtsmaus ist sonderbar
(sogar für die Gelehrten),
Denn einmal nur im ganzen Jahr
Entdeckt man ihre Fährten.

Mit Fallen oder Rattengift
Kann man die Maus nicht fangen.
Sie ist, was diesen Punkt betrifft,
Noch nie ins Garn gegangen.

Das ganze Jahr macht diese Maus
Den Menschen keine Plage.
Doch plötzlich aus dem Loch heraus
Kriecht sie am Weihnachtstage.

Zum Beispiel war vom Festgebäck,
Das Mutter gut verborgen,
Mit einemmal das Beste weg
Am ersten Weihnachtsmorgen.

Da sagte jeder rundheraus:
„Ich hab es nicht genommen!
Es war bestimmt die Weihnachtsmaus,
Die über Nacht gekommen."

Ein andres Mal verschwand sogar
Das Marzipan von Peter,
Was seltsam und erstaunlich war,
Denn niemand fand es später.

Der Christian rief rundheraus:
„Ich hab es nicht genommen!
Es war bestimmt die Weihnachtsmaus,
Die über Nacht gekommen!"

Ein drittes Mal verschwand vom Baum,
An dem die Kugeln hingen,
Ein Weihnachtsmann aus Eierschaum
Nebst andren leckren Dingen.

Die Nelly sagte rundheraus:
„Ich habe nichts genommen!
Es war bestimmt die Weihnachtsmaus,
Die über Nacht gekommen!"

Und Ernst und Hans und der Papa,
Die riefen: „Welche Plage!
Die böse Maus ist wieder da,
Und just am Feiertage!"

Nur Mutter sprach kein Klagewort.
Sie sagte unumwunden:
„Sind erst die Süßigkeiten fort,
Ist auch die Maus verschwunden!"

Und wirklich wahr: die Maus blieb weg,
Sobald der Baum geleert war,
Sobald das letzte Festgebäck
Gegessen und verzehrt war.

Sagt jemand nun, bei ihm zu Haus –
Bei Fränzchen oder Lieschen –
Da gäb es keine Weihnachtsmaus,
Dann zweifle ich ein bißchen!

Doch sag ich nichts, was jemand kränkt!
Das könnte euch so passen!
Was man von Weihnachtsmäusen denkt,
Bleibt jedem überlassen!

Margret Rettich

Die Weihnachtskatze

Die alte Frau Neumann weinte, als ihre Buschi starb. Sie weinte auf der Straße, wo sich Leute nach Buschis Ende erkundigten. Sie weinte im Treppenhaus, wo die Nachbarn sie fragten, ob Buschi gelitten hätte. Am meisten weinte sie in ihrer Wohnung, wenn sie das leere Körbchen sah. Sie hatte niemanden mehr, seit Buschi tot war.

Pelle sagte zu Mama: „Ich hatte Buschi auch sehr lieb."

„Sie hat dich gekratzt", erwiderte Mama.

„Buschi wollte nur spielen", sagte Pelle, aber Mama hatte nun mal nichts mit Katzen im Sinn.

Es war zwei Wochen vor Weihnachten. Mama kaufte in der Stadt Geschenke ein, da durften Papa und Pelle nicht mit. Sie trödelten inzwischen durch den Park. Im Nieselregen war das ziemlich ungemütlich. Sie wollten grade umkehren, als Pelle unter einem Strauch die kleine Katze entdeckte. Sie war naß, zerzaust und ganz mager. Pelle fing sie ein und steckte sie unter seinen Anorak.

Papa sagte: „Ich glaube, wir kriegen Ärger mit Mama."

„Aber wir können das Kätzchen doch hier nicht erfrieren und verhungern lassen", sagte Pelle, und das sah Papa ein. Zum Glück war Mama noch nicht zu Hause.

Pelle setzte die kleine Katze in der Küche hin. Sofort flitzte sie wie der Blitz unter den Küchenschrank und ließ sich nicht mehr blicken. Nicht mal ein Schälchen Milch lockte sie hervor.

„Oje, bald kommt Mama", sagte Papa. Hoffnungsvoll sagte Pelle: „Vielleicht bleibt das Kätzchen unterm Schrank, und Mama findet es nicht."

Diesen Gefallen tat ihnen die kleine Katze aber nicht. Sie streckte erst eine Pfote vor, dann erschien sie ganz und schleckte hastig die Milch.

Draußen klappte die Tür.

Pelle steckte die kleine Katze unter seinen Pullover und rannte an Mama vorbei ins Kinderzimmer.

„Hallo, wohin so schnell?" fragte Mama, und Pelle rief: „Schularbeiten machen!"

Nach einer Weile kam Papa. Er setzte sich auf Pelles Bett, wo die kleine Katze schlief. Papa sagte: „Wir müssen uns was einfallen lassen wegen Mama."

„Ich wünsche mir das Kätzchen einfach zu Weihnachten", sagte Pelle.

„Das schlag dir aus dem Kopf, Mama mag keine Katzen", sagte Papa. Er überlegte und meinte dann: „Wir könnten es Frau Neumann bringen. Sie freut sich bestimmt über eine neue Katze, wo Buschi nun im Katzenhimmel ist. Oder fällt dir was Besseres ein?"

Was Besseres fiel Pelle nicht ein. Er wußte nur, daß es keinen Sinn hatte, mit Mama darüber zu reden. Er seufzte, steckte das Kätzchen in seinen Pullover und schlich hinter Papa an der Küche vorbei, wo Mama das Essen richtete.

Papa und Pelle klingelten bei Frau Neumann, aber sie machte nicht auf. Vielleicht war sie beim Arzt, dort ging sie in letzter Zeit häufig hin. Sie mußten die kleine Katze also wieder mitnehmen. Als Mama zum Abendbrot rief, spazierte sie hinter Papa und Pelle in die Küche.

Mama fiel fast der Teetopf aus der Hand. Sie rief: „Was macht eine Katze in unserer Wohnung?"

„Bleib ganz ruhig", sagte Papa. Dann erzählten er und Pelle, daß sie das Kätzchen im Park gefunden hätten und daß sie es nun Frau Neumann schenken wollten, anstelle von Buschi.

„Es war Papas Idee, ist sie nicht gut?" fragte Pelle.

„Nein, das ist sie nicht", sagte Mama, „ihr könnt Frau Neumann nicht einfach überrumpeln. Ihr müßt sie erst fragen, ob sie überhaupt eine neue Katze will. Und wenn nicht, werdet ihr sie dorthin zurückbringen, wo ihr sie gefunden habt. Ihr wißt genau, daß ich keine Katze dulde." Und sie schickte Papa und Pelle gleich nach dem Essen wieder zu Frau Neumann.

Dort blieb alles still, obwohl sie viele Male klingelten. Mama war noch in der Küche. Sie merkte nicht, daß Pelle die kleine Katze zurück in sein Zimmer brachte.

Aber als Mama am anderen Morgen Pelle weckte, strich ihr das Kätzchen um die Beine. Es lief hinter ihr her und putzte sich, während Mama sich duschte. Dann folgte es ihr in die Küche und guckte zu, wie sie das Frühstück machte.

„Sieh mich nicht so an, ich mag dich nicht", sagte Mama. Aber sie stellte der kleinen Katze frische Milch hin.

Papa mußte zur Arbeit, und Pelle mußte in die Schule. Mama versprach ihnen, mit dem Kätzchen nichts zu unternehmen, bis sie wieder da waren. Das Kätzchen schlief fast den ganzen Tag. Es ließ sich weder vom Staubsauger noch von der Waschmaschine stören. Als Mama sich einen Augenblick im Sessel ausruhte, sprang es ihr auf den Schoß.

„Du sollst mich nicht so umgarnen", sagte Mama. Aber sie holte ihm eine Portion Hackfleisch aus der Küche.

Dann kam Pelle zurück, und später war auch Papa wieder da.

Mama sagte entschlossen: „Nun unternehmt bitte etwas."

Papa und Pelle machten sich also wieder auf zu Frau Neumann. Sie klingelten wieder umsonst. Im Treppenhaus trafen sie eine Nachbarin, und die erzählte ihnen, daß Frau Neumann für eine Woche verreist sei. Diesmal verlangte Mama nicht, daß sie das Kätzchen dorthin zurückbrachten, wo sie es gefunden hatten. Sie sagte: „Es schneit ja und ist so kalt." Sie ließ in der Nacht alle Türen offen, und die kleine Katze spazierte ungeniert herum. Am Mor-

gen lag sie in Mamas Bett, Mama zu Füßen.

Das Kätzchen war nun ganz zutraulich geworden. Es zerfetzte Papas Zeitung, bevor er sie gelesen hatte.

Es zerrte Mamas Strickzeug hinter sich her, bis die Wolle vom Knäuel gewickelt war.

Es hüpfte nach dem Korken, den Pelle an einem Faden tanzen ließ.

Aber meist rollte es sich vor Vergnügen auf dem Teppich und schnurrte.

Kurz vor Weihnachten klingelte es. Frau Neumann wollte Mama sprechen. Pelle fing das Kätzchen schnell ein und sperrte es ins Bad. Es sah so traurig aus, daß Papa sich schneuzen mußte. Sie saßen stumm nebeneinander auf Pelles Bett, bis Frau Neumann ging und Mama reinkam. Mama sagte: „Frau Neumann will Weihnachten wieder ver-

reisen. Sie hat mich gebeten, ihre Topfpflanzen zu gießen. Und dabei hat sie auch gesagt, daß sie froh ist, kein Tier mehr zu haben. Sie hat Buschi zwar sehr liebgehabt, aber nun ist sie ungebunden und kann alte Freunde und Verwandte besuchen. Darum hab ich ihr auch nichts von der kleinen Katze gesagt.“

Als Mama draußen war, fragte Pelle: „Muß unser Kätzchen nun etwa zurück in den Park?“

„Weiß nicht“, sagte Papa und zuckte mit den Schultern.

Aber da steckte Mama noch mal den Kopf zur Tür herein. Sie lachte und rief: „Hab ich euch eigentlich schon gesagt, was ich mir zu Weihnachten wünsche? Nein? Also, ich wünsche mir eine gewisse süße kleine Katze. Ich hoffe, ihr seid einverstanden.“

Heinrich Hannover

Der linke Stiefel
des Weihnachtsmanns

Früher soll es ja mal einen Weihnachtsmann gegeben haben. Und viele Kinder glauben ja auch heute noch an den Weihnachtsmann. Und so ganz sicher bin ich mir da auch nicht. Vielleicht gibt es ja doch einen. Mir ist nämlich mal folgende Geschichte erzählt worden – ich weiß nicht, ob sie wahr ist:

Einmal soll zu Weihnachten der Weihnachtsmann nicht gekommen sein. Und da haben sich die Kinder gewundert, daß da, wo sonst der Weihnachtsbaum stand, gar nichts war. Da war kein Weihnachtsbaum, da waren keine Geschenke, nichts. Und dann sagte der Vater: „Also, Kinder, wir müssen dem Weihnachtsmann mal entgegengehen. Vielleicht ist der irgendwo im Schnee steckengeblieben." Ja, und dann haben sie sich auf den Weg gemacht. Der Vater und die Kinder sind in den Wald gegangen, immer tiefer in den Wald hinein, es hatte geschneit und war sehr kalt. Und plötzlich sieht eines von den Kindern da zwischen den beschneiten Bäumen etwas Rotes. Na ja, und wenn man im weihnachtlichen Wald etwas Rotes sieht, was kann das anderes sein als der Mantel des Weihnachtsmanns? Und richtig, da stand er und war tatsächlich festgefroren – ja, festgefroren, am Boden festgefroren, und konnte sich nicht von der Stelle rühren.

Der Vater und die Kinder sind dann hingegangen und haben sich den Weihnachtsmann von nahem besehen. Der war da am Brabbeln und am Schimpfen, so etwas sei ihm noch gar nicht passiert, daß er plötzlich im Wald festfriert, und nun komme er zu spät, um den Kindern ihre Geschenke zu bringen. Na, der Vater und die Kinder haben probiert, den Weihnachtsmann loszueisen. Sie hatten Streichhölzer dabei, ach, das war ein mühsames Geschäft, die Stiefel wollten und wollten nicht losgehen. Endlich, mit dem letzten Streichholz, kriegten sie den einen Stiefel los.

Da sagte der Vater: „Komm, steig aus dem Stiefel raus, Weihnachtsmann, ich geb dir einen von meinen Socken, dann kannst du mit dem einen Bein auf Socken gehen." Der Weihnachtsmann hat furchtbar geschimpft, denn welcher Weihnachtsmann läßt schon gern einen Stiefel im Wald stehen. Aber er stieg aus dem linken Stiefel raus und zog sich Vaters Socken an. Und dann humpelten sie los. Der Vater fror am rechten und der Weihnachtsmann am

linken Fuß. Aber sie hielten Schritt mit den Kindern, die voran nach Hause stürmten.

Die Mutter, die zu Hause geblieben war, hat vielleicht gestaunt, als sie da mit dem Weihnachtsmann ankamen.

„Der Weihnachtsmann war im Wald festgefroren", riefen die Kinder, „und jetzt hat er Vaters Socken an."

„Ach, der arme Weihnachtsmann", sagte die Mutter, „wärmen Sie sich mal ein bißchen bei uns auf!"

„Keine Zeit", sagte der Weihnachtsmann, „ich bin sowieso schon zu spät dran."

„Aber auf ein Glas heißen Glühwein müssen Sie schon bei uns bleiben", sagte die Mutter und schob ihm den Sessel hin.

„Na gut", sagte der Weihnachtsmann und setzte sich.

„Und ich schenke Ihnen meine Stiefel", sagte der Vater und holte sie gleich aus dem Keller.

„Wo gibt's denn so was, daß der Weihnachtsmann zu Weihnachten Geschenke kriegt", sagte der Weihnachtsmann und lachte. Aber er nahm die Stiefel und zog sie sich gleich an. Sie paßten vorzüglich. Den Socken durfte er natürlich auch behalten und kriegte noch den anderen dazu. Und die Kinder schenkten ihm ein paar Äpfel und Pfefferkuchen für unterwegs.

Als er seinen Glühwein ausgetrunken hatte, erhob sich der Weihnachtsmann und wünschte „Frohe Weihnachten!" Und im Rausgehen legte er seinen gro-

116

ßen Sack so über die Schulter, daß das meiste herausfiel und auf dem Teppich liegenblieb. Lauter wunderschöne Spielsachen und Kinderbücher. „Das ist für euch", sagte er zu den Kindern, „weil ihr mir im Wald geholfen habt."

Da jubelten die Kinder. Aber eines fragte: „Hast du denn auch noch genug für die anderen Kinder?"

„Keine Sorge!" sagte der Weihnachtsmann. „Inzwischen ist bestimmt mein Schlitten nachgekommen."

Und richtig, als sie aus der Tür traten, stand da ein großer Schlitten, vor den zwei Hirsche gespannt waren, und auf dem Bock saß Knecht Ruprecht, der gerade ein bißchen eingenickt war.

„Das ist ja sagenhaft!" riefen die Kinder. „Wie hast du denn den Schlitten hierherbestellt?"

„Man muß auch als Weihnachtsmann mit der Zeit gehen", sagte der Weihnachtsmann und zeigte sein Funkgerät.

„Und wo kommt der Knecht Ruprecht her?" fragten die Kinder.

„Den habe ich mir beim Nikolaus ausgeliehen, die beiden sind ja seit dem Nikolaustag arbeitslos", sagte der Weihnachtsmann.

Ja, und dann weckte der Weihnachtsmann den Knecht Ruprecht, der auch noch ein Glas Glühwein kriegte, rückte die Säcke auf dem Schlitten ein bißchen zurecht und setzte sich neben Knecht Ruprecht auf den Bock. Und dann zogen die Hirsche an, die Schellen an ihrem Geschirr läuteten, man hörte sie noch eine Zeitlang, allmählich leiser werdend, als der Schlitten schon in der Dunkelheit der Weihnachtsnacht verschwunden war.

Was, ihr glaubt die Geschichte nicht? Der sie mir erzählt hat, hat Stein und Bein geschworen, daß sie wahr ist. Wenn sie wahr ist, muß doch irgendwo im Wald noch der linke Stiefel des Weihnachtsmanns stehen. Wollt ihr nicht mal danach suchen? Wer ihn findet, darf sich was wünschen.

117

Penny Ives

Morgen kommt die Weihnachtsfrau

Letzte Weihnachten hätte es beinah eine Katastrophe gegeben! Denn als der Weihnachtsmann an einem Dezembermorgen kurz vor Weihnachten aufwachte, fühlte er sich furchtbar schwach und elend. „Sieh dich nur an!" rief die Weihnachtsfrau. „Du bist ja krank! Überall rote Pusteln! Wie soll ich denn ganz allein die vielen Geschenke fertigkriegen?"

Der Weihnachtsmann schloß nur müde die Augen, er war sogar zu schwach, eine Antwort zu geben.

„Das muß ich diesmal wohl tatsächlich allein schaffen. Weihnachten kann schließlich nicht einfach ausfallen", murmelte die Weihnachtsfrau. „Erst mal geh ich zu den Rentieren, sie brauchen ihr Futter."

Als sie den Stall betrat, traute sie ihren Augen nicht. Auch die Rentiere waren mit Pusteln übersät! Die Weihnachtsfrau flößte ihnen etwas Medizin ein und überlegte, was zu tun war.

Nun war sie völlig auf sich gestellt. Die Arme seufzte einmal, zog den warmen Wintermantel an und ging mit ihren Vögeln hinaus. Gemeinsam sammelten sie die unzähligen Briefe und Wunschzettel ein, die nachts mit dem Schnee herabgerieselt waren.

Die Weihnachtsfrau las jeden Brief in Ruhe. Schließlich krempelte sie die Ärmel hoch. „Dann wollen wir mal", sagte sie und ging in die Werkstatt. Es waren noch immer viele Spielsachen zu bauen, obwohl der Weihnachtsmann und sie schon das ganze Jahr hart gearbeitet hatten – seit dem vorigen Weihnachtsfest!

Jeden Tag bis spät in die Nacht hinein nähte, leimte und bastelte die Weihnachtsfrau, bis alles fertig war.

Aber noch immer gab es ein großes Problem: Wie sollte sie das Spielzeug ohne die Rentiere ausliefern?

Doch da hatte sie eine tolle Idee: Sie würde eine Flugmaschine konstruieren! Mit einem umgebauten Fahrrad!

Aufgeregt durchwühlte sie den Schrank nach Dingen, die sie dazu gebrauchen konnte. Der Staubsauger war das wichtigste. Er sollte die Maschine beim Start antreiben. Sie vertauschte einige Kabel, so daß er die Luft hinausblies, anstatt sie aufzusaugen. Behutsam verband sie ein Pedal mit dem Motor. Je schneller man strampelte, desto schneller würde der Motor laufen.

Hurra! Die Flugmaschine war fertig, und die Weihnachtsfrau war sehr mit sich zufrieden.

Jetzt mußten noch alle Geschenke in den Körben verstaut werden. Einige waren ziemlich groß und bereiteten allerhand Schwierigkeiten.

Am nächsten Morgen war es soweit: Schon früh stand die Weihnachtsfrau auf, zog sich den roten Mantel an und setzte die Mütze auf. Der Weihnachtsmann bekam noch einen Abschiedskuß, dann verließ sie das Haus.

Draußen war es mächtig kalt. Jetzt noch Schnee räumen für die Startbahn – nun war alles klar zum Abflug!

Gans und Huhn schlugen kräftig mit den Flügeln, die Weihnachtsfrau trat tüchtig in die Pedale. Die Räder kreisten und kreisten, wurden schneller und schneller, und allmählich stieg die Flugmaschine in die Luft. Erst ruckelte es noch ein bißchen, aber die Weihnachtsfrau hatte es geschafft – sie flog!

Immer weiter flog sie, bis sie eine kleine Stadt sah. Geschickt lenkte sie ihr Flugrad abwärts auf ein verschneites Dach.

Dort band sie ein Seil um den Schornstein und hangelte sich in die Wohnung hinab.

Verflixt! Schon beim ersten Schornstein machte sie sich den Mantel dreckig. Aber immerhin: Das erste Geschenk war ausgeliefert.

Dann ging es weiter, rauf und runter, hin und her, kreuz und quer, bis alle Geschenke bei den Kindern waren.

Erschöpft, aber glücklich, machte sich die Weihnachtsfrau auf die Heimreise, der Weg kam ihr sehr lang vor.

Endlich entdeckte sie einen schwachen Lichtschein. Das waren der Weihnachtsmann und die Rentiere, die die Landebahn ausleuchteten.

Den dreien ging es besser, alle Pusteln waren verschwunden. „Ich bin so froh, daß du heil zurückgekehrt bist", sagte der Weihnachtsmann. „Komm, setz dich, meine Liebe, und zieh deine Stiefel aus. Ich mache dir ein schönes, heißes Bad." Wie gut tat das warme Wasser nach all den Anstrengungen! Als die Weihnachtsfrau wieder zu Kräften gekommen war, ging sie die Treppe hinunter, wo eine wundervolle Überraschung auf sie wartete …

Der Weihnachtsmann hatte das Zimmer dekoriert, den Weihnachtsbaum geschmückt und ein besonderes Festmahl zubereitet – mit Geschenken für alle.

Fröhliche Weihnachten!

Dagmar Chidolue

Millie
schmückt den Weihnachtsbaum

Heute ist Heiligabend.
Weihnachten ist erst morgen, aber am Heiligabend wird auch schon Weihnachten gefeiert.

Am liebsten hätte Millie, daß schon morgens Heiligabend wäre. Dann brauchte sie nicht so lange auf die Geschenke zu warten.

Millie wacht schon mit Singsang im Kopf auf. *Am Weihnachtsbauhaum die Lichter brennen.* Sie kann es nicht erwarten. Mama und Papa flitzen durch das Haus, als ob gleich Besuch käme. Dabei kommt doch nur Weihnachten. Millie singt.

Fröhöhliche Weihnacht überall,
tönet durch die Lüfte froher Schall.

Sie weiß nicht, was das bedeuten soll, *froher Schall,* aber es hört sich gut an. Lieder mit vielen Öööös und Üüüüs und Ooooos und Aaaas gefallen Millie.

Jetzt wird es aber erst einmal ganz ungemütlich. Mama trägt ihren Putzzopf und sieht schrecklich aus. Millie mag sie gar nicht ansehen.

„Paß auf Trudel auf, Millie", sagt Mama.

„Kann denn nicht mal der Fernseher auf Trudel aufpassen?" fragt Millie.

Das Fernsehen wäre eine große Hilfe. Wenn Trudel die bunten Bilder sieht, ist sie still und lieb. Millie traut sich aber nicht, die Schwester vor den Apparat zu setzen. Mama und Papa mögen das nicht. Und richtig.

„Nein", sagt Mama ganz laut.

Millie läuft mit Trudel an der Hand zu Papa. „Geht mir bloß aus dem Weg", sagt Papa.

Es ist immer dasselbe. Dabei macht Papa gerade so etwas Interessantes. Er rupft und zupft draußen am Tannenbaum herum. Trockene Grashalme liegen auf den Zweigen. Ein Ästchen ist abgebrochen, und Papa zwickt es ab.

Alles wird auf Weihnachten vorbereitet. Aber Millie und Trudel sind überall im Weg.

„Können wir nicht auch den Weihnachtsbaum schmücken?" fragt Millie.

„Tu mir um Himmels willen den Gefallen und bring den Baum ins Zimmer", sagt Mama zu Papa. „Schmück mit den Kindern den Tannenbaum. Dann sind sie wenigstens beschäftigt."

„Juchu!" ruft Millie und macht einen Hopser. „Juchu, juchu!"

Trudel sieht Millie an und wippt in den Knien. Richtig hopsen kann Trudel noch nicht. Aber die Schwester freut sich auch. Denn jetzt fängt Weihnachten richtig an.

Papa muß sich ordentlich mit dem

Baum abmühen. Er ist so groß, daß er nicht ins Zimmer paßt. Die Baumspitze hat eine grüne Spur an der Zimmerdecke gezogen. Papa schneidet oben einfach ein Stückchen ab.

„Was machst du denn für eine traurige Schnute, Millie?" sagt Papa. „Du weißt doch, der Baum lebt sowieso nicht mehr richtig."

Mama bringt die Kisten mit dem Weihnachtsschmuck. Die silbernen Kerzenhalter klemmt sich Millie an die Finger.

„Guck mal, Trudel, ich bin jetzt ein Weihnachtsbaum."

„Millie!" mahnt Papa.

Aber ja, Millie hilft ja schon.

Sie möchte den großen Strohstern ganz oben hinhängen. Millie stellt sich auf die Zehenspitzen.

„Du bist nicht groß genug, Millie", sagt Papa.

„Nimm mich mal auf den Arm", sagt Millie.

Papa seufzt, aber er hebt Millie trotzdem hoch. So kann der Stern ganz oben an der Baumspitze baumeln.

Jetzt möchte sie das Vögelein aus blau und rot bemaltem Glas anhängen. Vögel fliegen oben.

„Heb mich mal hoch, Papa."

Papa hat die Nase voll vom Millie-Hochheben. Millie ist nämlich nicht so leicht. Sie darf den Baum nur unten schmükken. So weit sie drankommt. Oben hängt Papa den Schmuck auf. Die Kerzen, die Sterne, die Glocken und das Engelshaar.

Was hat Trudel denn jetzt schon wieder angestellt?

„Dudu", sagt Millie. „Papa, guck mal. Trudel hat wieder mal Dummheiten gemacht." Trudel hat die Weihnachtslaternchen aus Goldpapier zerdrückt.

„Schimpf mal, Papa", sagt Millie. „Trudel soll die Pfoten davon lassen."

„Also", sagt Papa. „Besser, du paßt auf deine Schwester auf, und ich schmücke den Baum alleine."

„Nein", heult Millie. „Ich will den Tannenbaum auch schmücken. Ich habe mich schon ganz doll darauf gefreut."

Trudel hat sich getraut, die piksigen Äste anzufassen. Sie läßt gar nicht mehr los. Der Weihnachtsbaum fängt an zu kippen. Er will genau auf Millie fallen. Papa fängt ihn im letzten Moment auf. Ojemine. Was wäre alles passiert, wenn er wirklich umgefallen wäre?

„Mama, paß du mal auf Trudel auf", brüllt Millie. „Ich muß doch den Weihnachtsbaum schmücken."

Mama kommt und ist lieb. Sie setzt sich auf den Sessel und nimmt Trudel auf den Schoß.

„Mach doch deinen Putzzopf weg, Mama", sagt Millie. „Ich kann dich damit gar nicht richtig leiden."

„Du mußt mich schon so aushalten", sagt Mama. „Ich hab nachher noch mehr zu tun."

Na, die Hauptsache ist, daß Millie Trudel los ist und in Ruhe den schönen Weihnachtsschmuck aufhängen kann. Vorsicht, Vorsicht mit den Glaskugeln. Läßt man sie fallen, dann gibt es tausend Scherben.

Jetzt kommen noch die Kerzen in die Halter. Sie stehen schief. So ein Schiet.

Wenn man sie geradebiegen will, schwingen sie auf die andere Seite. Und sie fallen aus den Haltern, wenn die Tannenzweige wippen. Millie ist sehr, sehr wütend.

„Jetzt bleib doch endlich drin, du blöde Kerze."

Vielleicht geht es, wenn sie die Kerze mit Schwung hineindrückt. Wenn ihre Hand ein bißchen Anlauf nimmt. „Aua." Millie muß die Kerze, die nicht tut, was Millie will, zerbrechen. Dann ist die Wut ein wenig raus aus dem Bauch.

„Ja, was machst du denn da?" fragt Papa.

„Das ist eine doofe Kerze", sagt Millie.

„Das ist eine doofe Millie", sagt Papa.

„Das ist keine doofe Millie", sagt Millie und weint, weil ihre Hand weh tut. Der Kerzenhalter hat sie gestochen. Und die Kerzen stehen immer noch schief. Papa krabbelt mit seiner Hand auf Millies Kopf.

„Du bist wohl doch noch zu klein zum Schmücken", sagt er. „Soll ich allein weitermachen?"

„Mach mal", sagt Millie. „Aber ich bin nicht zu klein zum Gucken. Ich sag dir, wohin du alles hängen sollst. Den grünen Stern nach unten, Papa, und die rote Kugel hoch nach oben, und die Glitzerkette mußt du um den ganzen Baum wickeln, Papa."

Und Mama sagt: „Kommt, Kinder, wir lassen Papa mal allein. Sonst wird der Baum bis heute abend nicht mehr fertig."

„Fällt Weihnachten dann aus?" fragt Millie.

„Worauf du dich verlassen kannst", sagt Papa und scheucht alle aus dem Zimmer.

Martin Luther

Vom Himmel hoch, da komm ich her

1. Vom Him - mel hoch, da komm ich her, ich bring euch gu - te neu - e Mär; der gu - ten Mär bring ich so viel, da - von ich singen und sa - gen will.

2. Euch ist ein Kindlein heut geborn,
   von einer Jungfrau auserkorn,
   ein Kindelein so zart und fein,
   das soll euer Freud und Wonne sein.

3. Es ist der Herr Christ, unser Gott,
   der will euch führn aus aller Not;
   er will euer Heiland selber sein,
   von allen Sünden machen rein.

4. Des laßt uns alle fröhlich sein
   und mit den Hirten gehn hinein,
   zu sehn, was Gott uns hat beschert,
   mit seinem lieben Sohn verehrt.

Melodie: Martin Luther

Masahiro Kasuya

Der allerkleinste Tannenbaum

Es war kurz vor Weihnachten. Ein kleiner bunter Vogel flog zum Fest in die Stadt. Da sah er auf einem Hügel einen kleinen Tannenbaum.

„Gehst du nicht in die Stadt?" fragte ihn der Vogel.

„Nein", sagte der Tannenbaum. „Ich bin zu klein für Weihnachten." Und er brach in Tränen aus.

Der kleine Tannenbaum erinnerte sich, daß seine großen Brüder immer zu ihm sagten: „Wenn du nicht schneller wächst, wirst du nie ein rechter Weihnachtsbaum."

Eines Tages wurden sie alle zum Weihnachtsfest in die Stadt abgeholt. Da freuten sie sich sehr und hoben stolz ihre schönen Äste. Nur der kleine Tannenbaum wurde stehengelassen. Er fühlte sich jetzt sehr einsam und schluchzte: „Ach, wenn ich doch größer wäre und bei meinen Brüdern in der Stadt sein dürfte!"

„Weißt du was?" sagte der Vogel zum Tannenbaum. „Ich werde dir helfen. Ich fliege zu meinem Freund, dem Esel."

Bald darauf kam ein Fuchs vorbei. Auch er lief zum Weihnachtsfest in die Stadt.

„Gehst du nicht in die Stadt?" fragte der Fuchs den Tannenbaum.

„Nein, ich bin zu klein", antwortete der Tannenbaum und mußte wieder weinen. Der Fuchs hatte noch nie einen so kleinen Baum gesehen. Aber weil er nicht wußte, wie er ihm helfen sollte, lief er weiter. Inzwischen kam der Vogel mit seinem Freund, dem Esel, zurück.

„Du hast mir nicht gesagt, daß der Weg so weit ist", brummte der Esel. Er ärgerte sich, daß er so kurz vor Weihnachten nicht in der Stadt sein konnte. Er wollte doch nichts von dem schönen Fest versäumen.

„Siehst du, jetzt sind wir da", sagte der Vogel und zeigte mit dem Flügel auf den kleinen Tannenbaum. Der Esel mußte sich bücken, um den winzigen Baum überhaupt zu sehen. Seine Augen waren vor Überraschung weit geöffnet. Es war der kleinste Tannenbaum, den er jemals gesehen hatte.

„Wie geht es dir?" fragte der Esel höflich.

„Ach, wenn ich doch größer wäre", schluchzte der kleine Tannenbaum. „Dann wäre ich jetzt bei meinen Brüdern in der Stadt. Ich glaube, ich werde das Weihnachtsfest nie erleben!"

„Weine nicht!" tröstete ihn der Esel. „Schau da drunten die Lichter in der Stadt! Dort stehen sie alle, die vielen Weihnachtsbäume, und werden schon mit Kerzen geschmückt. Deine Brüder sind auch dabei. In jeder Stube steht ein prächtiger Tannenbaum, und darunter werden morgen die Kinder ihre Geschenke auspacken. Dann werden sie alle die schönen Weihnachtslieder singen. Hör auf zu weinen, kleiner Tannenbaum! Vielleicht bist du nächstes Jahr dabei."

Der Tannenbaum weinte aber schon nicht mehr. Die freundlichen Worte des Esels hatten ihn beruhigt.

„Ja, vielleicht nächstes Jahr …" murmelte er und schlief ein.

Der Vogel und der Esel seufzten erleichtert, und auch sie schliefen ein. Sie hatten einen langen Tag hinter sich und waren sehr müde. Und während sie schliefen, begann es leise zu schneien.

Es kam der Morgen vor dem Heiligen Abend. Der Esel und der Vogel wischten sich die Schneeflocken aus den Augen. Überall um sie herum glänzte der Schnee in der Sonne, und auch der kleine Tannenbaum war ganz mit Schnee bedeckt. Er war jetzt der schönste Tannenbaum, den man sich denken konnte. Da begannen der Vogel und der Esel ihr liebstes Weihnachtslied zu singen.

Als die anderen Tiere den Gesang hörten, verließen sie ihre Verstecke im Wald und in den Wiesen und machten sich alle auf den Weg. Auch sie wollten dort sein, wo so schön gesungen wurde. Sie versammelten sich alle um den kleinen Tannenbaum auf dem Hügel und sangen mit dem Vogel und dem Esel.

Inzwischen war es dunkel geworden. Die Sterne leuchteten vom Himmel herab auf den Schnee und den kleinen Tannenbaum. Er war jetzt der schönste Weihnachtsbaum auf der ganzen Welt.

Jetzt war der Heilige Abend da. Das Jesuskind lag in der Krippe. Maria und Josef wachten neben ihm. Und auch die Tiere waren gekommen und fingen gleich zu singen an.

Draußen auf dem Felde aber hörte der kleine Tannenbaum eine Stimme neben sich flüstern: „Du bist gar nicht zu klein für Weihnachten, lieber Tannenbaum, denn ich bin ebenso klein wie du." Es war das Jesuskind selber, das so zu ihm sprach. Da war der kleine Tannenbaum glücklich.

Als Weihnachten vorüber war, verabschiedete sich der Esel und lief heim in die Stadt. Er versprach dem Tannenbaum, zum nächsten Weihnachtsfest wiederzukommen. Der Vogel aber wollte bis zum Frühling bei dem kleinen Tannenbaum bleiben. Und der Tannenbaum beklagte sich nie mehr darüber, daß er so klein war.

Deutscher Text von Peter Bloch

Am Weihnachtsbaum
die Lichter brennen

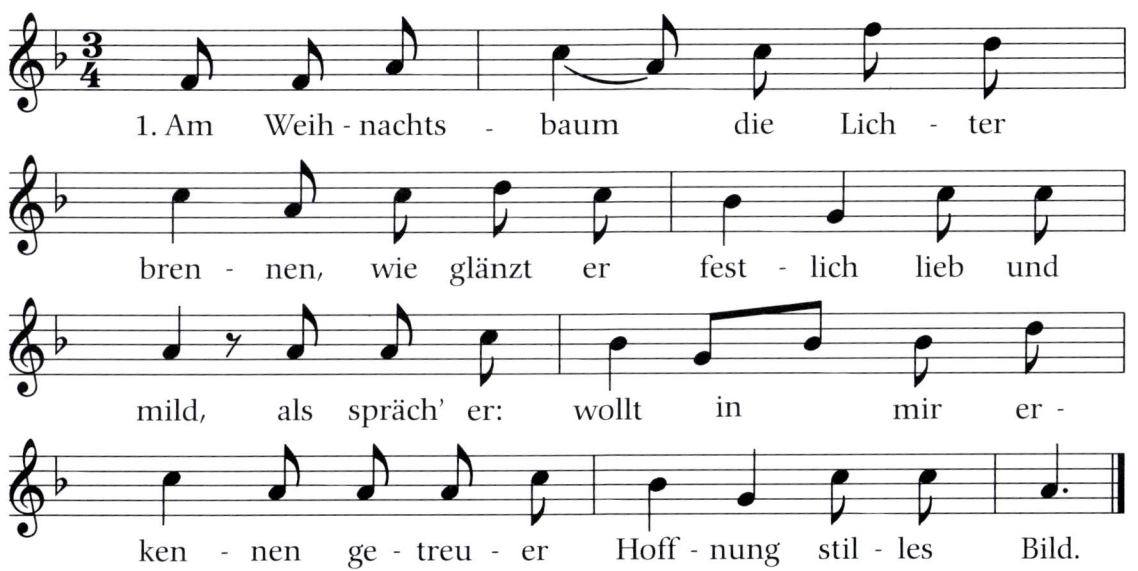

1. Am Weih - nachts - baum die Lich - ter

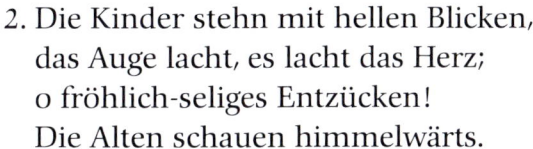

bren - nen, wie glänzt er fest - lich lieb und

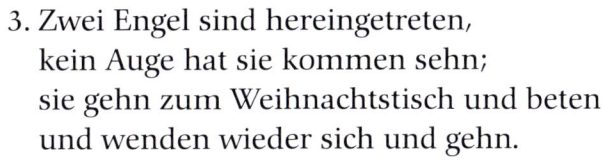

mild, als spräch' er: wollt in mir er -

ken - nen ge - treu - er Hoff - nung stil - les Bild.

2. Die Kinder stehn mit hellen Blicken,
   das Auge lacht, es lacht das Herz;
   o fröhlich-seliges Entzücken!
   Die Alten schauen himmelwärts.

3. Zwei Engel sind hereingetreten,
   kein Auge hat sie kommen sehn;
   sie gehn zum Weihnachtstisch und beten
   und wenden wieder sich und gehn.

4. Kein Ohr hat ihren Spruch vernommen;
   unsichtbar jedes Menschen Blick
   sind sie gegangen wie gekommen;
   doch Gottes Segen blieb zurück!

Jurij Brězan

Der Wundervogelmann

Am Morgen schien die Sonne, dann aber zogen Wolken auf. Ihre dicken Schneebäuche hingen so tief herunter, daß der Felsenberg sie aufschlitzte. Der Schnee quoll heraus und rieselte in großen Flocken auf die Erde.

Der Wundervogelmann schaute auf seine Uhr, es war eine Stunde vor Mittag. Nun wird es lange schneien, dachte er. Er hatte so viele Winter erlebt, daß sein Haar und sein langer Bart fast so weiß waren wie der Schnee. Seine Stiefel hatten viele Wege gesehen, und sein Mantel war in vielen Winden dünn geworden. Und darum kannte sich der Wundervogelmann aus mit dem Schnee und dem Regen, dem blauen Himmel und dem grauen Nebel.

Der Wundervogelmann sah die dicke Wolke an und fragte: „Hast du nicht noch warten können mit deinem Schnee?"

Die Wolke schüttelte den Kopf, und der Schnee fiel noch dichter herab. Bäume und Büsche zogen sich einen Wattepelz über, und die braune Erde, das verdorrte Gras und der schmale, steinige Weg verkrochen sich unter einer weißen, weichen Decke.

Der Wundervogelmann blickte sich um und konnte seine eigenen Fußstapfen nicht mehr sehen. Er hatte noch weit wandern wollen heute, aber nun dachte er: Ich muß irgendwo unterschlüpfen, bevor ich ein Schneemann werde. Er kannte alle Höfe und Gehöfte im Land und wußte, wo gute Leute wohnen. Er bog vom Weg ab in einen zaunlosen Garten. Dort stand, angelehnt an die gemauerte Scheune, ein hölzerner Schuppen, vollgepackt mit Stroh bis unters Dach.

Der Wundervogelmann kletterte hinein und hinauf und baute sich ein warmes Strohhaus. Dann holte er Brot und Trockenfisch aus seinem Rucksack, das war sein Mittagessen und sein Abendbrot. Auf dem Hof hörte er ein Kind singen, es sang ein fröhliches Schneelied. Später läuteten irgendwo Glocken, vielleicht kam das Geläut auch aus einem Radio. Ach ja, dachte der Wundervogelmann, heute ist doch Heiligabend. Da muß ich unbedingt noch einen Vogel schnitzen. Vielleicht treffe ich morgen ein Kind.

Ein Stück weiches Lindenholz und sein scharfes Messer hatte er immer bei sich. Er begann zu schnitzen, und dabei summte er vor sich hin, ein Schneelied oder auch ein Weihnachtslied.

Als es dunkel wurde, waren der Vogelleib und ein Flügel fertig. Der Wundervogelmann zog zwei Armvoll Stroh über sich und schlief ein. Im Traum zählte er die hölzernen Vögel, die er schon geschnitzt hatte. Es waren sehr viele. Darum kannten alle Kinder den Wundervogelmann und hatten ihn gern.

Am Morgen verrieselte der Schnee, die Wolken zogen weiter, und die Sonne kam hervor. Sie war winterblaß und hatte keine Kraft, hoch in den Himmel zu steigen. In der Stube stand der Tannenbaum, behangen mit bunten Glaskugeln und besteckt mit roten und weißen Kerzen. In der Küche bereitete die Mutter das Weihnachtsessen, und der Vater sagte zu dem Mädchen: „Komm, wir gehen einladen!"

Der Vater ging mit dem Mädchen zum Pferd.

Das Mädchen sagte: „Komm zum Mittagessen!"

Das Pferd nickte, und der Vater gab ihm eine große rote Möhre.

Das Mädchen sagte zu den Kühen: „Kommt zum Mittagessen!"

Die Kühe muhten und bekamen Ölkuchen. Für das Federvieh legte der Vater einen Reifen auf die Tenne und schüttete viele Körner hinein. Das Mädchen lud die Hühner und den Hahn ein, dann den Hund und die Katze.

Der Hund wedelte fröhlich und lief gleich in die Küche. Die Katze hörte nicht zu, sie spannte auf eine Amsel, die auf der Stalltür saß.

Das Mädchen rief der Amsel zu: „Paß auf!" Die Amsel keckerte erschrocken und flog davon.

Der Vater und das Mädchen stapften in den Garten, dem Mädchen reichte der Schnee bis an die Knie. Wie ein Eckpfosten wuchs dicht am Schuppen ein Apfelbaum. Seine Äpfel aß das Mädchen am liebsten. Darum umarmte es den Baum liebevoll und sang in seine Äste hinauf: „Komm zum Mittagessen!"

Das Stroh im Schuppen raschelte, und ein Kopf mit weißem Haar und Bart tauchte auf.

Das Mädchen flüsterte: „Der Wundervogelmann!" Vor lauter Freude konnte es nicht laut sprechen.

„Einen schönen guten Weihnachtstag!" sagte der Wundervogelmann zu dem Mädchen hinunter, und zu dem Vater sagte er: „Ich habe warm geschlafen in deinem Stroh. Ich danke dir dafür."

Da sang das Mädchen noch einmal: „Komm zum Mittagessen, Wundervogelmann!" und der Vater sagte: „Es ist ein alter Brauch bei uns."

Der Wundervogelmann kletterte hinab, und das Mädchen nahm ihn an der Hand. Auf der Tenne putzte er seine Kleider und kämmte sich Haar und Bart. Im Flur stellte er seinen Rucksack ab und hob den Wundervogel heraus, den er am Morgen fertiggeschnitzt hatte.

„Ich bemale ihn dann noch", sagte er und sang das kleine Wundervogellied für das Mädchen.

Das Wundervogellied

Ich bin aus Holz geschnitzt
und bin auch aus Traum gemacht.

Ich bin ein Vogel, habe Flügel,
aber fliegen kann ich nicht.
Bunt sind meine Federn,
aber Federn sind sie nicht.

Ich breite meine Flügel aus
und fliege in die Welt
und lasse mich dort nieder,
wo es mir gut gefällt.

Das Mädchen war voller Freude.

Die Mutter brachte die Suppe und sagte: „Frohe Weihnachten für jeden!" Und jeder gab jedem die Hand, und mitten auf dem Tisch neben der Suppenschüssel lag der Wundervogel.

Der Wundervogelmann lag auf der Ofenbank und schlief. Ein Mondstrahl drang durchs Fenster und setzte sich ihm auf die Nase. Der Wundervogelmann wachte auf und nieste. Eine kleine gläserne Glocke, die ganz oben auf dem Weihnachtsbaum hing, erschrak und läutete zwölfmal.

Ach ja, dachte der Wundervogelmann, ich muß doch den hölzernen Vogel noch fertig anmalen. Die mausgraue Katze, die unter der Ofenbank geschlafen hatte, sprang auf seinen Schoß.

„Willst du auch?" fragte der Wundervogelmann.

„Mmja", mauzte die Katze.

„Nun gut", sagte er und bemalte den hölzernen Vogel und die mausgraue Katze grün und silbern und gold und rot. Dann packte er seine Farben ein und warf sich den Rucksack auf den Rücken.

„Auf Wiedersehen, Katze", sagte er und ging leise aus dem Haus.

Die Katze stellte sich vor den Spiegel. Sie hatte eine goldene Nase und einen grünen Schwanz. So schön ist keine andere Katze, dachte sie und rollte sich vor dem Spiegel zusammen. Mit einem Auge schlief sie und mit dem anderen guckte sie sich immerzu im Spiegel an. Sie war sehr stolz, daß der Wundervogelmann sie so schön bemalt hatte.

Max Bolliger

Die beiden Weihnachtsesel

Vor zweitausend Jahren lebten in Bethlehem zwei kleine Esel, ein brauner und ein grauer. Sie gehörten einem Müller, dessen Knechte ihnen den ganzen Tag keine Ruhe ließen. Von früh bis spät schleppten sie Säcke voll Korn und Mehl von einem Ort zum andern.

Wenn sie einmal stehenblieben, um eine Blume zu betrachten oder über eine Wolke am Himmel zu staunen, wurden sie mit Schlägen weitergetrieben. Die zwei kleinen Esel beneideten die Katze, den Hund und die Hühner, die nichts anderes zu tun hatten als Mäuse zu fangen, die Mühle zu bewachen und Eier zu legen.

„Ach", klagten sie, „Gott, der Schöpfer, hat es mit den Eseln schlecht gemeint. Uns hat er dazu bestimmt, Lasten zu tragen und den Menschen zu dienen."

Doch eines Tages, in der Morgendämmerung, kamen ein paar Hirten bei der Mühle vorbei und erzählten, was sie in der Nacht erlebt hatten:

In einem Stall in der Nähe Bethlehems war ein Kind geboren, in einer Krippe, arm und bloß. Engel hatten gesungen, und sogar drei Könige, von einem Stern geführt, hatten den Weg zu ihm gefunden.

„Es ist Christus, unser Retter", sagten die Hirten, „ein neuer König, der auch die Hilflosen von ihren Lasten befreien wird."

Die beiden kleinen Esel horchten auf. Ein König, der auch die Hilflosen von ihren Lasten befreien wird, ist auch unser König, dachten sie.

Und unbemerkt von den neugierigen Knechten, machten sie sich auf, um ihn zu suchen. Die Fußspuren der Hirten und der Schafe zeigten ihnen den Weg. Aber als sie endlich zu dem Stall kamen, war er leer. Ein kalter Wind blies durch die Ritzen, und von dem Wunder dieser Nacht war nichts übriggeblieben als ein von vielen Füßen zertretener Boden, eine Kuhle im Stroh und der letzte Hauch eines Duftes von Weihrauch und Myrrhe.

Sie konnten nicht wissen, daß es ein Esel war, der, nun von Josef geführt, ohne zu murren und mit schnellem Schritt Maria mit dem Kind davontrug und vor den Häschern des Herodes rettete.

In diesem Augenblick nämlich kam der Müller mit einem Stock dahergelaufen. „Hier finde ich das Lumpengesindel! Marsch, an die Arbeit!" schrie er.

Und die beiden kleinen Esel konnten nichts anderes tun als gehorchen. Sie kehrten in die Mühle zurück und schleppten weiterhin die schweren Säcke von einem Ort zum andern.

„Was die Hirten erzählt haben, ist Lug und Trug", sagte der kleine braune Esel und seufzte unter seiner Last.

„Ich glaube daran", sagte der kleine graue Esel und spürte plötzlich, wie seine Last leichter wurde.

„Und die Säcke auf deinem Rücken? Wo bleibt nun der König, der auch die Hilflosen von ihren Lasten befreit?" fragte der braune.

„Er nimmt mir die Last nicht ab," antwortete der graue, „aber er gibt mir die Kraft, sie zu tragen. Darum gib mir auch deine Säcke!"

Der kleine braune Esel staunte. Aber er brauchte noch etwas Zeit, um an ein Wunder zu glauben, das er nicht mit eigenen Augen gesehen hatte.

Gerda M. Scheidl

Die vier Lichter des Hirten Simon

Zweitausend Jahre ist es nun schon her, da hütete der Hirte Simon im fernen Land Galiläa die Schafe.

Es war ein grauer Tag. Schwere Nebel lagen über dem Boden. Abdon, der Mann, dem die Schafe gehörten, schaute vergeblich nach der Sonne aus. So schickte er die Hirten Jakob und Simon auf eine höher gelegene Wiese. Dort, über dem Nebel, sollten sie die Schafe weiden.

Simon drängte sich an Jakob. Im dichten Nebel war es ihm unheimlich. Er war noch jung, erst neun Jahre alt. Jakob aber war groß und stark. Schützend legte er Simon den Arm um die Schultern.

Da sprang ein schneeweißes Lamm herbei. Es blökte ängstlich. Jakob nahm das Lamm und legte es Simon in die Arme. „Hier", sagte er. „Du darfst unser kleinstes Lamm tragen. Hüte es gut!"

Simon freute sich und ließ das Lamm nicht aus den Augen. Nachts durfte es sogar unter seinem Mantel schlafen. Das gab beiden Wärme und Zutrauen.

Sechs Tage blieben Jakob und Simon auf den Hügeln, dann wurde es Zeit, die Schafherde für die Heimkehr zusammenzutreiben. Die Wiesen waren abgegrast, Abdon mußte ihnen eine neue Weide zuweisen.

Simon wollte helfen. Doch Jakob schüttelte den Kopf. „Du und das Lamm, ihr ruht euch aus, bis ich die Schafe beieinander habe."

Simon war froh. Das Lamm hatte ihn ganz schön auf Trab gehalten. Immer wieder war es davongelaufen und mußte eingefangen werden. Simon ließ sich unter einem Olivenbaum nieder und schloß müde die Augen. Das Lamm kuschelte sich dicht an ihn.

Da breitete sich ein wundersamer Duft aus, ein Duft von Rosen, Lilien und Mandelblüten. Simon versuchte, die Augen zu öffnen, aber die Lider waren zu schwer. Jetzt glaubte er, auch einen fröhlichen Gesang zu hören. Immer deutlicher. Dann trat plötzlich Stille ein. Auch der süße Duft verflüchtigte sich.

Endlich gelang es Simon, die Augen zu öffnen. Vor ihm stand Jakob. Ernst blickte er Simon an und fragte: „Wo ist das Lamm?"

Simon erschrak. Eben hatte das Lamm doch noch neben ihm gelegen! Simon sprang hoch. Er rief nach dem Lamm. Er lockte es an. Doch kein vertrautes Blöken antwortete. Er suchte es überall. Vergeblich.

„Komm, wir müssen die Herde heimtreiben", sagte Jakob.

Traurig trottete Simon neben der Herde einher. Wo war sein Lamm? War ihm etwas zugestoßen? Was würde Abdon sagen?

Abdon war sehr verärgert, als sie spät nachts ankamen und Simon erzählte, wie sein Lamm verlorengegangen war.

„Das ist doch alles Unsinn, was du mir da erzählst von einem wundersamen Traum", schimpfte Abdon. „Geschlafen hast du, statt aufzupassen!" Wütend schüttelte er Simon an den Schultern. „Sofort machst du dich auf den Weg. Aber wage es nicht, ohne mein Lamm wiederzukommen!" drohte er.

Jakob machte sich Sorgen, den Jungen so ganz alleine gehen zu lassen. Aber er konnte nichts gegen Abdon tun. So ging er in seine Kammer und holte die Laterne mit den vier Lichtern, die er einst von einem Wanderer bekommen hatte mit den Worten: „Sie werden dem im Dunkeln leuchten, der in Not ist."

Nun gab Jakob die Laterne an Simon weiter und sagte: „Trage den vier Lichtern Sorge, dann werden sie dir auf dem Weg leuchten."

Simon nahm die Laterne mit den vier Lichtern, und in seinen Händen leuchteten sie auf. Zuversichtlich machte sich Simon auf den Weg, sein Lamm zu suchen.

Die ganze Nacht und den ganzen Tag hatte Simon die Hügel abgesucht, aber keine Spur von seinem Lamm entdeckt. Schon ging die Sonne wieder unter. Sollte er überhaupt noch weitersuchen? War nicht alles sinnlos? Er gab die Hoffnung beinahe auf.

Da, regte sich nicht etwas hinter dem Felsen? War es sein Lamm? „Lamm, kleines Lamm, komm!" lockte Simon hoffnungsvoll.

„Ho!" brummte eine tiefe Männerstimme. „Was suchst du? Ein Lamm?" Vor ihm stand ein großer Mann. Simon erschrak. Er wollte davonlaufen.

„Vor mir brauchst du nicht davonzulaufen", sagte der Mann. „Doch wenn du ein Lamm suchst, dann findest du es im Olivenhain hinter jenem Felsen. Ich habe es gesehen. Es ist klein und schneeweiß."

„Das ist mein Lamm!" freute sich Simon. „Du hast mein Lamm gefunden! Danke! Kann ich dir irgendwie helfen?"

„Helfen? Mir kann niemand helfen. Mein Weg ist im Dunkeln", sagte der Mann leise.

„Dunkel? Nein!" rief Simon und hielt dem Mann eines seiner Lichter hin. „Hier, nimm es. Es wird deinen Weg erhellen. Was soll ich mit vier Lichtern, wenn du keines hast. Drei Lichter sind genug für mich."

„Du willst mir ein Licht schenken? Mir?" wunderte sich der Mann und nahm das Licht. „Du bist der erste Mensch, der freundlich zu mir ist. Danke. Danke, mein Junge!" sagte der Mann, und im Weggehen flüsterte er vor sich hin: „Dabei bin ich ein Dieb."

Die Nacht war hereingebrochen. Simon lief in den Olivenhain, um endlich sein Lamm zu finden. Aber von seinem Lamm war nichts zu sehen. Hatte es sich versteckt?

Dort, in der Höhle, regte sich etwas. Simon rannte hin. War es sein Lamm? Nein, es war ein Wolf!

Schon schnappte er nach seinem Mantel. Simon zitterte. Er versuchte, sich loszureißen. Sofort gab der Wolf ihn frei. Er winselte und leckte seine Pfote. Da erst sah Simon die blutende Wunde an seiner Pfote. Alle Angst war verflogen. Schnell riß er ein Stück Stoff von seinem Mantel ab und verband vorsichtig die Wunde.

„Nun bleib brav liegen", sagte er, „damit die Wunde heilen kann!"

Simon stand auf, um weiterzugehen und sein Lamm zu suchen. Doch der Wolf zerrte wieder an seinem Mantel und sah ihn an.

„Ich soll bei dir bleiben? Ist es das, was du sagen möchtest?" Simon streichelte den Wolf. „Das kann ich nicht. Ich muß das Lamm suchen. Vielleicht braucht es meine Hilfe, wie du."

Nach kurzem Überlegen stellte er eines der Lichter neben den Wolf. „Hier, Wolf, hast du ein Licht. Es wird dich wärmen. Zwei Lichter sind genug für mich. Jakob wird das begreifen."

Dankbar blickte der Wolf ihm nach.

Wo sollte Simon nun noch das Lamm suchen? Lange irrte er umher, bis er bei Tagesanbruch in eine kleine Stadt kam. In einer Straße traf er einen Bettler an.

„Eine Gabe, nur eine kleine Gabe!" rief der Mann.

„Ich habe doch selber nichts", sagte Simon und blieb stehen. „Ich bin nur der Hirte Simon und habe mein Lamm verloren!"

„Ein Lamm?"

„Ja, es ist mir davongelaufen. Hast du es vielleicht gesehen?"

„O nein! Ich sehe nur Hunger und Not", antwortete der Alte. „Ich lebe mit den Ärmsten weit draußen in einer finsteren, kalten Grotte."

„Nimm wenigstens dieses Licht von mir", sagte Simon. „Es wird euch etwas Wärme und Licht geben. Mehr habe ich nicht", fügte er hinzu.

Der Alte nahm das Licht und stand auf. „Danke! Hoffentlich findest du bald dein Lamm." Und jeder ging seinen Weg.

Simon hatte im Städtchen herumgefragt. Vergeblich. Keiner hatte sein Lamm gesehen. Er war entmutigt. Sein letztes Licht leuchtete auch nur noch schwach. Als die Nacht hereinbrach, setzte er sich draußen vor der Stadt müde an den Wegrand.

Da hüllte ihn wieder dieser wundersame Duft ein. Der Duft von Rosen, Lilien und Mandelblüten. Woher kam dieser betörende Duft? Simon stand auf. Nun hörte er auch den fröhlichen Gesang. Er schaute sich um.

Da entdeckte er Licht in einem Stall. Er ging darauf zu und trat zögernd ein. Simon konnte kaum etwas erkennen. Er blieb stehen und blinzelte.

Da schimmerte etwas weiß im Halbdunkel. Es war sein Lamm! Sein verlorenes Lamm!

„Tritt näher", sagte eine freundliche Stimme.

Simon konnte nicht antworten. Er war so glücklich. Dann sah er das Kind. Es lag auf Stroh, ganz dicht bei seinem schneeweißen Lamm!

Simon kniete nieder und schenkte dem Kind sein letztes kleines Licht. Nur noch schwach glühte die Flamme. Doch seltsam! Wie von unsichtbarer Hand entzündet, flammte das Licht auf. Sein Leuchten breitete sich aus und erfüllte den ärmlichen Raum mit festlichem Glanz.

Am Himmel strahlten die Sterne heller und heller, und der frohe Gesang klang weit hinaus bis zu den Hirten auf dem Feld.

Kommet, ihr Hirten!

1. Kom - met ihr Hir - ten, ihr Män - ner und Frau'n, kom - met das lieb - li - che Kind - lein zu schau'n. Chri-stus der Herr ist heu-te ge - bo - ren, den Gott zum Heiland euch hat er - ko - ren. Fürch - tet euch nicht!

2. Lasset uns sehen in Bethlehems Stall,
   was uns verheißen der himmlische Schall.
   Was wir dort finden, lasset uns künden,
   lasset uns preisen in frommen Weisen:
   Halleluja.

3. Wahrlich, die Engel verkündigen heut
   Bethlehems Hirtenvolk gar große Freud.
   Nun soll es werden Friede auf Erden,
   den Menschen allen ein Wohlgefallen:
   Ehre sei Gott.

Melodie: Volkslied aus Böhmen

Joseph von Eichendorff

Weihnachten

Markt und Straßen stehn verlassen,
Still erleuchtet jedes Haus,
Sinnend geh ich durch die Gassen,
Alles sieht so festlich aus.

An den Fenstern haben Frauen
Buntes Spielzeug fromm geschmückt,
Tausend Kindlein stehn und schauen,
Sind so wunderstill beglückt.

Und ich wandre aus den Mauern
Bis hinaus ins freie Feld,
Hehres Glänzen, heilges Schauern!
Wie so weit und still die Welt!

Sterne hoch die Kreise schlingen,
Aus des Schnees Einsamkeit
Steigt's wie wunderbares Singen –
O du gnadenreiche Zeit!

Rolf Krenzer

Die Geschichte vom Weihnachtsglöckchen

Vor vielen, vielen Jahren lebte in Bethlehem, einer kleinen Stadt in Israel, ein Mädchen. Es hieß Rahel. Seine Mutter war gestorben, als Rahel noch recht klein gewesen war. Da blieb ihm nur sein Vater, und der war ein Schafhirte. Er hütete zusammen mit drei anderen Hirten die Schafe auf den Weiden nah bei Bethlehem.

Oft war die kleine Rahel traurig, daß er so selten heimkam. Er mußte sogar nachts bei den Schafen bleiben. Aber sie wußte ja, daß man nachts wegen der wilden Tiere ganz besonders auf die Schafe achtgeben mußte.

Einmal fand die kleine Rahel im Straßenstaub vor dem großen Wirtshaus ein wunderschönes Glöckchen aus reinem Silber. Es war so schön und kostbar, daß sich Rahel gar nicht vorstellen konnte, daß es vielleicht ein Gast aus dem Wirtshaus verloren haben könnte. Wem sie das Glöckchen auch zeigte, es konnte sich keiner erklären, woher es gekommen war. Nur die alte blinde Ruth, die am Ende des Städtchens wohnte, ließ sich das Glöckchen geben, lauschte so lange, bis es ausgeklungen hatte, und wandte sich dann an Rahel.

„Es ist ein ganz besonderes Glöckchen", sagte sie. „Du darfst es so lange behalten, bis bei uns einmal etwas ganz Besonderes geschieht. Es wird so wunderschön sein, daß du dafür gern das Glöckchen herschenken wirst!"

„Was wird das sein?" fragte damals Rahel mit großen Augen. „Und wann wird das sein?"

Da zuckte die Alte mit der Schulter und sagte: „Das weiß ich auch nicht, und es wird dir keiner sagen können. Das weiß Gott allein!"

So hob Rahel das Glöckchen wie ihren kostbarsten Schatz auf und versteckte es in ihrem Bett.

Nun geschah es eines Tages, daß ein Mann und seine Frau nach Bethlehem kamen. Sie hatten eine weite Reise hinter sich und waren so müde, daß sie kaum weiterkonnten. Sie fragten überall nach einem Zimmer für die Nacht. Aber die Gasthäuser waren überfüllt, so daß sie immer nur weitergeschickt wurden. Hinzu kam, daß die junge Frau ein Kind erwartete, das in dieser Nacht geboren werden sollte. Sie waren am Ende so verzweifelt, daß sie froh waren, als ihnen ein mitleidiger Mensch seinen alten Stall anbot. Wenigstens für die Nacht waren sie dort sicher.

In dieser Nacht aber schickte Gott seinen Sohn zu uns auf die Welt. In der

139

Armut des Stalles, in dem es aus allen Ritzen zog, wurde das Kind geboren. Seine Mutter wickelte es in Windeln und legte es in die Futterkrippe im Stall. Als das Kind aber geboren war, geschah etwas ganz Seltsames draußen auf den Weiden vor Bethlehem, wo Rahels Vater mit den anderen Hirten bei den Schafen wachte. Mitten in der Nacht wurde es plötzlich um sie herum so hell, daß die Hirten aufschreckten und vor Angst nicht aus noch ein wußten. So etwas hatten sie noch nie erlebt.
Und dann kamen plötzlich Engel vom Himmel herab und kamen auf sie zu, daß die Hirten noch mehr erschraken. Wann hatte jemals ein Schafhirte einen Engel in all seinem Glanze gesehen?
Die Hirten fielen auf die Knie und wagten sich nicht zu rühren.
„Habt keine Angst!" sagte der Engel ganz freundlich zu ihnen. „Gott schickt mich zu euch. Ich will euch etwas Wunderschönes erzählen: Heute nacht ist in dem ärmsten Stall in Bethlehem Gottes Sohn geboren. Er heißt Jesus und liegt in einer Futterkrippe!"
Sprachlos und mit großen Augen sahen die Hirten den Engel an. Sie wunderten sich immer mehr, als die anderen Engel, die um den einen herumstanden, nun zu singen anfingen. Einen so schönen Gesang hatten die Hirten ihr ganzes Leben lang noch nicht gehört.
„Ehre sei Gott im Himmel!" sangen die Engel. „Und Friede der Welt und den Menschen!"
Ihr wunderbarer Gesang schallte über die Weiden bis hoch zum Sternenhim-mel. Und die Hirten spürten bis tief in ihr Herz hinein die Freude, die das Lied und die Worte in ihnen auslöste.
„Lauft zum Stall!" rief der Engel.
Da packten die Hirten all ihre Habseligkeiten zusammen und suchten nach einem Geschenk, das sie dem Kind in der Krippe mitbringen konnten.
Schließlich entschlossen sie sich dazu, dem Kind ein Schaf mit einem jungen Lämmchen zu schenken. Das Schaf hatte so viel Milch, daß sie für das Kind und das Lamm reichen würde.
So machten sie sich auf den Weg, trieben das Schaf vor sich her und gingen durch die Nacht nach Bethlehem, um den allerärmsten Stall mit dem Gotteskind zu suchen, so wie es ihnen der Engel gesagt hatte.
Rahels Vater trug das Lämmchen auf seinen Armen. Und als sie endlich in Bethlehem ankamen, ging er schnurstracks nach Hause, um seine kleine Tochter zu wecken. Er wollte ihr unbedingt erzählen, was in dieser Nacht geschehen war. Und mitnehmen wollte er die kleine Rahel. Denn das Kind in der Krippe, das Gott auf die Erde zu ihnen geschickt hatte, das sollte sie auch sehen und begrüßen.
Als er dann mit dem Lämmchen im Arm vor ihr stand und von den Engeln erzählte, da begannen Rahels Augen zu glitzern und zu leuchten.
„Jetzt weiß ich, was die alte Ruth gemeint hat, als ich mit dem Silberglöckchen bei ihr war!" rief sie glücklich. Sie holte es sogleich herbei und ließ es ganz leise klingen.

„Bäh!" machte das Schäfchen auf dem Arm des Vaters verwundert. Und noch einmal „Bäh!"

„Wir binden ihm das Glöckchen um den Hals!" sagte das Mädchen froh und war bereits dabei, nach einem Band zu suchen.

„Du sollst ihm auch das Lämmchen schenken!" sagten die Hirten.

Da trug sie das Lamm auf ihren Armen und ging mit eiligen Schritten hinter den Hirten her. Das Lämmchen machte immer wieder „Bäh!", und das silberne Glöckchen an dem roten Band um seinen Hals klingelte zart und leise dazu.

So geschah es, daß die Hirten, nachdem sie endlich nach langem Suchen in der Nacht den Stall gefunden hatten, mit dem Schaf hereinkamen.

Alles war genau so, wie es der Engel gesagt hatte. Sie knieten vor der Krippe und beteten das Kind an. Als sie der Frau das Schaf schenkten, ging auch die kleine Rahel mit dem Lämmchen auf dem Arm zögernd zur Krippe. Staunend und voller Freude betrachtete sie das Kind.

Da legte ihr die Mutter des Kindes ganz zärtlich den Arm um die Schulter. Und Rahel fühlte sich so glücklich wie damals, als ihre eigene Mutter noch bei ihr war.

„Ich bin Maria!" sagte die Frau mit lieber Stimme. „Ich danke dir, daß du gekommen bist!"

„Ich bin Rahel!" sagte Rahel leise und wünschte sich, daß der Arm der Frau noch lange dort auf ihrer Schulter blei-

ben würde. „Das Lämmchen ist auch für euch!" fügte sie noch hinzu. Dann bückte sie sich und ließ das Lamm aus ihren Armen ganz behutsam auf die Erde gleiten. Es stand noch einen Augenblick unschlüssig herum. Als es aber seine Mutter leise blöken hörte, sprang es mit weiten Sprüngen auf sie zu. Dabei klingelte das Glöckchen an seinem Hals ganz zart und hell.

„Ist das schön!" sagte Maria und streichelte das Lämmchen zart. „Wo hast du nur dieses wunderschöne Silberglöckchen her?" fragte sie dann.

„Gefunden!" sagte Rahel und verbesserte sich gleich darauf. „Für das Kind gefunden! Ich will es ihm schenken!"

Maria wollte Rahels Geschenk nicht annehmen. Doch Rahel beharrte darauf, daß das Glöckchen an dem Band blieb und von nun ab ihnen gehören sollte. Schließlich erinnerte sie sich nur zu gut an das, was die alte Ruth gesagt hatte.

Ja, so blieb das zarte Klingen auch noch im Stall, als die Hirten mit der kleinen Rahel schon längst wieder gegangen waren. Das Leuchten und Glitzern blieb aber in Rahels Augen ihr ganzes Leben lang. Jeder liebte sie, denn dieses Leuchten und Glitzern kam aus ihrem Herzen heraus.

Das Glöckchen aber klingt bis heute noch weiter. Immer dann, wenn im Weihnachtszimmer alles vorbereitet ist und alle Kinder sehnsüchtig vor der Tür warten, dann beginnt das Weihnachtsglöckchen leise zu klingen. Dann wir die Tür zur Bescherung geöffnet, und Weihnachten fängt wirklich an.

Josef Lada

Die Tiere an der Krippe

Tief im Wald lebte vorzeiten ein alter Einsiedler mit seinem Hund Lumpi. Dieser Einsiedler konnte weissagen, und oft sagte er wichtige Dinge voraus. Alle diese Weissagungen schrieb er in ein dickes Buch, und später sah er dort nach, ob er richtig prophezeit hatte.

Eines Tages holte der Einsiedler das Buch wieder einmal vom Wandbrett, setzte eine sehr bedeutsame Miene auf und weissagte: „In der Nacht vom vierundzwanzigsten auf den fünfundzwanzigsten Dezember dieses Jahres wird um Mitternacht in der Stadt Bethlehem das Jesuskind geboren werden, der Heiland der Welt. Es wird in einem armseligen Stall zur Welt kommen, auf blankem Stroh wird es liegen, nur ein Ochs und ein Eselein werden es mit ihrem Atem wärmen …"

Da spitzte der Hund Lumpi die Ohren und lauschte, aber mehr erfuhr er nicht. Danach überlegte er den ganzen Tag, warum von allen Tieren nur Ochs und Esel die Ehre haben sollten, das Jesulein anzuhauchen. Hätte man den heiligen Dienst nicht so einteilen können, daß sich alle Tiere darin abwechselten? Aber was einmal geweissagt war, ließ sich wohl nicht mehr ändern. Nun beschloß Lumpi, alle anderen Tiere zu benachrichtigen, damit jedes ein Geschenk für das Jesulein vorbereite. Er lief in den Wald zu der schwatzhaften Elster. Ihr erzählte er, was er von seinem Herrn, dem Einsiedler, vernommen hatte. Die Elster riß staunend den Schnabel auf. Dann flog sie davon, um die große Neuigkeit im ganzen Wald zu verkünden.

Nun überlegten die Tiere fleißig, welche Gaben sie für das Jesulein besorgen sollten. Manche hatten sogleich ein schönes Geschenk bereit, andere zerbrachen sich lange vergeblich den Kopf, bis ihnen etwas Passendes einfiel.

Die Gans zupfte sich jeden Tag ein paar Flaumfedern aus und verwahrte sie in einem alten Mehlsack. Davon sollte das Jesulein ein Federbett bekommen.

Die Geiß holte sich bei ihr Rat, was sie schenken solle. „Ich habe doch gar nichts, was ich schenken könnte", klagte sie. Beide überlegten hin und her, bis ihnen ein feiner Gedanke kam. Von dieser Zeit an mußte sich die alte Bäuerin, der die Geiß gehörte, schrecklich mit ihr ärgern, denn sie wollte sich plötzlich nicht mehr melken lassen: Sie sparte ihre Milch als Geschenk für das Christkind auf.

Der Iltis wollte dem Jesulein eigenhändig eine weiche Pelzdecke überreichen. Aber er befürchtete, wegen seines Gestankes werde man ihm den Zutritt zur

Krippe verwehren. Deshalb scheuerte er sich täglich am Bach und rieb sich mit wohlriechenden Kräutern ein, daß er bald duftete wie ein ganzer Gewürzladen.

Der Dachs, diese alte Eigenbrötler, war ganz betrübt. „O weh!" jammerte er. „Warum muß das Jesulein ausgerechnet im Winter zur Welt kommen, wenn ich im tiefsten Winterschlaf liege? Nun werde ich das schöne Fest verschlafen!" Und er klagte sein Leid dem Gevatter Fuchs. Meister Reinecke schaffte Rat. Er selbst holte aus dem Jägerhaus eine Weckeruhr und lehrte den Dachs, wie man sie stellte und aufzog.

So ließ sich nun der alte Griesgram Nacht für Nacht aus dem Winterschlaf wecken und sah nach, ob das Bündel Süßholz, das er für das Jesulein vorbereitet hatte, noch an seinem Platz lag. Dann schlief er zufrieden weiter, bis ihn

am nächsten Tag das Weckerrasseln von neuem aufschreckte. Aber als er sich wieder einmal die Augen rieb, setzte er sich verwundert auf, weil seine Höhle von goldenem Glanz erfüllt war. Nun blickte er zum Fenster hinaus, und das Herz stockte ihm.

Draußen am Himmel strahlte ein gewaltiger Stern. Dies war für die Tiere das Zeichen, daß es nun Zeit sei, sich aufzumachen. Der Bär und der Iltis, der wilde Eber und das übrige Waldgetier stiegen von den Berglehnen und den bewaldeten Gipfeln ins Tal hernieder. Einträchtig zogen sie mit den Haustieren auf der Landstraße nach Bethlehem.

Auf einem ruhigen Steiglein hastete die Schnecke dahin. Unterwegs holte sie der Frosch ein. „Ich eile zum Jesulein und will ihm mein Häuschen anbieten", prahlte sie, „denn ich habe gehört, daß es in einem armseligen Stall zur Welt gekommen ist."

Der Schlange folgte das Eichhörnchen mit einem Sack voll Haselnüsse auf dem Rücken; die waren von der allerbesten Sorte, denn es hatte sie eigenhändig ausgewählt.

Der Bär brachte auf einem Stück Birkenrinde eine Honigwabe. Er war völlig verschwollen, so sehr hatten ihn die Bienen zerstochen; aber er lachte fröhlich von einem Ohr zum andern, als er sah, wie sehr sich das Jesulein über seine Gabe freute.

Die Affen hüpften vor der Krippe umher, sie schnitten Grimassen, vollführten allerhand Kunststücke und schossen Purzelbäume, daß es ein allgemeines Gelächter gab. Auch das Jesuskind lachte von Herzen mit.

Als aber die Zeit gekommen war, da die Hirten zur Krippe kommen sollten, ließ der Polizeihund nur noch die Gans mit ihren Bettfedern zum Jesulein vor. Dann forderte er die Tiere auf, in aller Ordnung nach Hause zu wandern. Da gehorchten sie und gingen auseinander.

Deutsch nacherzählt von
Otfried Preußler

So kamen die Tiere aller Arten herbeigeströmt. Sie drängten sich um den Stall, jedes trug sein Geschenk und wartete geduldig, bis es eintreten durfte.

Am Eingang des Stalles sorgte der Polizeihund für Ordnung. Er prüfte die Gaben und ließ ein Tier nach dem anderen zur Krippe hinein. Den mächtigen Elefanten, der größer war als der ganze Stall, bat er höflich, sich vor dem Stall auf die Vorderpfoten zu knien; auch so könne er das Jesulein aus der Nähe betrachten.

Hinter dem Stall lag der Löwe auf der Lauer; er strich sich den Schnurrbart glatt und knurrte: „Ich lauere hier auf den König Herodes, der das Kind in der Krippe umbringen lassen will!"

Immer neue Tiere kamen zum Stall von Bethlehem. Amseln, Drosseln und Nachtigallen flogen herbei und sangen dem Jesulein Wiegenlieder.

Auch die Schlange glitt heran und schenkte dem Christkind ihre alte Haut; die war zu einem Röllchen zusammengewickelt, aber wenn man sie aufpustete, konnte man meinen, es wäre wieder eine richtige Schlange.

145

Johannes Falk/Joh. C. Holzschuher

O du fröhliche, o du selige

1. O du fröh - li - che —, o du se - li - ge —, gna - den - brin - gen - de Weih - nachts - zeit! Welt — ging ver - lo - ren, Christ — ward ge - bo - ren: Freu - e —, freu - e dich, o Chri - sten - heit!

2. O du fröhliche, o du selige,
   gnadenbringende Weihnachtszeit!
   Christ ist erschienen,
   uns zu versühnen:
   Freue, freue dich, o Christenheit!

3. O du fröhliche, o du selige,
   gnadenbringende Weihnachtszeit!
   Himmlische Heere
   jauchzen dir Ehre:
   Freue, freue dich, o Christenheit!

Melodie: Sizilianische Volksweise

Hanna Hanisch

Die Geschichte vom Weihnachtsesel

Als in der Nacht zu Bethlehem
das Christkind ward geboren,
war auch ein Esel mit dabei
(der mit den langen Ohren
und mit dem grauen Strubbelfell).
Er wundert sich: Die Nacht ist hell?
Und überm Dache hängt ein Stern,
so groß wie eine Stall-Latern?

Der Esel blinzelt dumm im Schlaf.
Da sieht er neben Rind und Schaf
das Christuskindlein liegen.
Das hat nicht Bett noch Wiegen,
liegt nackt und bloß auf hartem Stroh
und hat kein Hemd und zittert so.

Da hat der brave Esel
das Kindlein angeguckt
und ist mit seinem warmen Leib
ganz dicht herangeruckt.
Er fürcht' sich nicht. Er nimmt sich Mut
und schnuppert durch die Raufen,
mit seinem Atem, warm und gut,
das Kindlein zu beschnaufen,
mit seines Maules weichem Flaus
die Hände ihm zu lecken,
mit seinem Felle, dicht und kraus,
das Kindlein abzudecken.

Das war nun mal des Esels Art
das Kindlein zu verehren.
Die Muttergottes lächelt zart.
Sollt sie dem Esel wehren?

Die Geburt Jesu

Es begab sich aber zu der Zeit, daß ein Gebot von dem Kaiser Augustus ausging, daß alle Welt geschätzt würde. Und diese Schätzung war die allererste und geschah zur Zeit, da Cyrenius Landpfleger in Syrien war. Und jedermann ging, daß er sich schätzen ließe, ein jeglicher in seine Stadt. Da machte sich auf auch Joseph von Galiläa, aus der Stadt Nazareth, in das jüdische Land zur Stadt Davids, die da heißt Bethlehem, weil er aus dem Hause und Geschlecht Davids war, auf daß er sich schätzen ließe mit Maria, seinem vertrauten Weibe, die war schwanger. Und als sie daselbst waren, kam die Zeit, daß sie gebären sollte. Und sie gebar ihren ersten Sohn und wickelte ihn in Windeln und legte ihn in eine Krippe; denn sie hatten sonst keinen Raum in der Herberge.

Lukas 2, 1-7

Erich Jooss

Josias – der Wirt

Josias, der Wirt, zog den Umhang fester um die Schultern. Es hatte tagelang geregnet. Jetzt spannte sich ein Frosthimmel über der Erde. Kalt und abweisend stieg der Mond hinter den Hügelkämmen hoch. Warum habe ich mein Haus verlassen? dachte Josias. Er war wütend auf sich. „Wie ein Narr laufe ich durch die Nacht!" Mit dem Fuß stieß er nach den Steinen am Wegrand. Einer der Steine kollerte den Geröllhang hinunter.

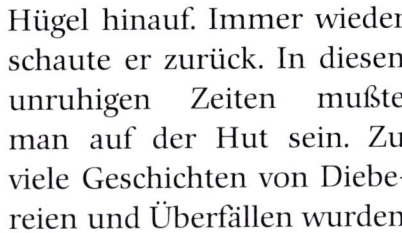

Josias begann sich zu fürchten. Am liebsten wäre er wieder umgekehrt. Die Dunkelheit veränderte die Welt und machte sie fremd und gefährlich. Nicht einmal den flackernden Feuerstellen der Hirten durfte man trauen. Im Widerschein der Flammen sah Josias bärtige Gestalten, die reglos am Boden kauerten. Jedesmal, wenn ein Hirte trockene Zweige in das Feuer schob, prasselten die Funken und stoben gegen den Himmel. Niemand kümmerte sich um den Wirt. Mit einem Blick streifte dieser die Zelte. Große schwarze Hunde lagen vor den Eingängen. Lauernd hoben sie den Kopf. Josias hastete an ihnen vorbei und schlug den Weg zur Höhle ein.

Er rannte jetzt. Die Nacht war voller Geräusche. Josias hatte das Gefühl, als liefen mit ihm noch andere den Hügel hinauf. Immer wieder schaute er zurück. In diesen unruhigen Zeiten mußte man auf der Hut sein. Zu viele Geschichten von Diebereien und Überfällen wurden erzählt. Josias verdächtigte insgeheim die Hirten. Sie kannten tausend Schlupfwinkel und waren überall und nirgends zu Hause. „Lumpenpack", murmelte der Wirt in sich hinein. Es klang hart und verächtlich.

So hatte er auch mit dem Paar aus Nazareth geredet. Josias erinnerte sich noch genau an jenen Abend. Der Mann war still vor ihm gestanden – ein Habenichts mit leerem Magen und leerem Geldbeutel. Auf dem Maultier, das er am Halfter führte, saß eine junge Frau, fast noch ein Mädchen. Sie trug ein blaues Tuch, das ihr Gesicht verhüllte und nur die Augen freiließ. Das Paar machte einen hilflosen Eindruck. Verlegen blickte der Mann zu Boden. „Ich bin Josef aus dem Hause Davids", sagte er endlich. „Wir sind weit gewandert und müde. Meine Frau bekommt bald ein Kind."

Der Fremde sprach mit leiser Stimme. Es sei ein beschwerlicher Weg gewesen von Nazareth nach Bethlehem. Besonders der Winterregen hätte ihnen zu schaffen gemacht. Josias hörte dem Mann zu, während er die beiden

149

musterte. Bettler, dachte er, nichts als Bettler. Wenn man diesen Leuten den kleinen Finger gibt, dann nehmen sie die ganze Hand. Er fühlte, wie der Zorn in ihm hochstieg. Die Volkszählung brachte täglich neue Hungerleider in die Stadt. „Ich kann nichts für euch tun", fuhr er das Paar an. „Mein Haus ist bis unter das Dach mit Gästen vollgestopft. Seht selbst, wo ihr eine Schlafstelle findet!"

Im Hirtenlager kläfften die Hunde. Ihr wütendes Bellen riß den Wirt aus seinen Gedanken. Er schüttelte sich, als wollte er einen schlimmen Traum loswerden. Erst jetzt merkte er, daß der Wind auffrischte und ihm in das Gesicht blies. Keuchend rang Josias nach Luft. Nur wenige Schritte hügelaufwärts lag die Höhle. Früher einmal war sie als Stall benutzt worden. Aaron, sein Hausknecht, hatte sich daran erinnert und die Herbergsuchenden aus Nazareth hierher geführt.

Josias trat zögernd näher. Ein schmaler Lichtstreifen, der aus der Höhle kam, wies den Weg. Vergeblich hielt der Wirt Ausschau nach dem Wunderstern. In jener Nacht – so erzählte man sich in Bethlehem – habe er sein Licht über den Himmel gegossen, verschwenderisch wie eine zweite Sonne.

Seither liefen seltsame Geschichten um. „Ammenmärchen" nannten es die Klugen und winkten unwillig ab, sobald sie darauf angesprochen wurden. Weshalb sollten sie dem Gerede von Schafhirten Glauben schenken? Am Morgen nach der Lichterscheinung

waren diese Hirten durch die Gassen der Stadt getanzt und hatten mit ihren Stecken an die Haustüren geschlagen. „Uns ist der Heiland geboren", riefen sie. „Er wird den Menschen seinen Frieden bringen. Gott in der Höhe sei Preis und Dank." Einige der Männer fielen sich um den Hals und lachten und weinten.

Josias dachte an die Gesichter der Hirten. Woher war das Leuchten in ihren Augen gekommen? Wer hatte ihre schwerfälligen Zungen gelöst? So viele Fragen beschäftigten den Wirt, auf die er keine Antwort wußte. Leise schob er den Sack beiseite, der vor der Höhlenöffnung hing. Als er eintrat, schlug ihm der Geruch von faulendem Stroh entgegen. Josias blieb überrascht stehen … Die Höhle wirkte aufgeräumt und leer – so, als sei sie längere Zeit nicht mehr verwendet worden. Nur ein blaues Tuch, das an der Futterkrippe hing, störte diesen Eindruck.

Auch die Hirtenlampe paßte nicht in das Bild. Sie stand unmittelbar neben der Krippe auf dem Lehmboden. Irgend jemand mußte sie abgestellt und dann vergessen haben – wahrscheinlich das Paar aus Nazareth. Josias betrachtete die rasch wechselnden Schattenfiguren, die vom unruhigen Licht der Lampe herrührten. Plötzlich hörte er ein Geräusch. Es klang wie ein Stöhnen. Die Gestalten an den Wänden schienen lebendig zu werden.

Erschrocken bückte sich der Wirt nach der Laterne. Da sah er den Hirtenjungen. Eli kauerte in der Ecke auf der

Strohschütte und wimmerte in sich hinein. Der Wirt kannte ihn. Er hatte den Jungen schon öfters dabei ertappt, wie dieser Abfälle aus der Herbergsküche stehlen wollte. Dann war er jedesmal mit gesenktem Kopf vor Josias gestanden und hatte dessen Gezeter über sich ergehen lassen.

Eli hob abwehrend die Hände, als ihn der Strahl der Lampe traf. Auf seinem Gesicht zeigten sich rote Flecken. Er hielt die Augen weit geöffnet. Sie glänzten wie bei einem Fieberkranken. Der Wirt, der ein harter Mann war, fühlte auf einmal Mitleid. Ein Kind, dachte er, Eli ist ja noch ein Kind. Behutsam deckte er den Jungen mit seinem Umhang zu. Die Nähe eines anderen Menschen schien Eli gutzutun. Er atmete jetzt ruhiger. Seine Lippen formten einzelne Worte und schließlich ganze Sätze. War es ein Traum? Josias hörte schweigend zu. „In der Wundernacht", flüsterte der Junge, „legte sich der Wolf neben das Schaf. Ich habe es gesehen. Die Bäume redeten mit den Menschen, und das Wasser floß zu den Quellen zurück."

Josias ließ sich auf dem Stroh nieder. Er hielt die Hand des Hirtenjungen, die sich heiß anfühlte. Was war in jener Nacht geschehen? Die Begeisterung, die aus Eli sprach, stimmte ihn glücklich und traurig zugleich. Seine Gedanken wanderten zurück zu dem Paar aus Nazareth. Wie Tagediebe hatte er die beiden vom Hof verjagt. „Ich kann nichts für euch tun", wiederholte der Wirt leise, „mein Haus ist bis unter das Dach mit Gästen vollgestopft." Er merkte nicht einmal, daß der Junge neben ihm eingeschlafen war. Erst als die Flamme in der Laterne zuckend erlosch, kam Josias wieder zu sich.

Die plötzliche Dunkelheit machte ihm angst. Tastend vergewisserte sich der Wirt, daß er nicht allein war. Er horchte auf die Atemzüge von Eli. Der Umhang schützte den Jungen gegen die Kälte, die aus den feuchten Höhlenwänden kroch. Einen Augenblick überlegte Josias. Dann stand er auf, nahm Eli vorsichtig in die Arme und trug ihn zum Ausgang der Höhle. Im Hirtenlager brannte noch ein Feuer. Dorthin wollte er den Jungen bringen. Seine Schritte knirschten auf dem hartgefrorenen Boden. Manchmal stolperte er oder verfing sich im Gestrüpp. Trotzdem kam ihm der Rückweg seltsam leicht und mühelos vor. Es war still ringsum; auch der Wind hatte sich gelegt. Über den Schafweiden stand ein großer weißer Mond.

Der Wirt freute sich, als vor ihm die Zelte auftauchten. Ihre Spitzen ragten in den Nachthimmel. Bald schlugen auch die Hunde an. Josias stapfte zur Feuerstelle, die von einem graubärtigen Alten bewacht wurde. Erstaunt hob dieser den Kopf.

„War der Junge wieder in der Höhle?" fragte der Hirte. Josias nickte.

„Eli braucht Wärme", sagte er und blickte den Schlafenden an, der noch immer in seinen Armen lag. Eine Pause entstand. Dann streifte der Hirte das Schaffell von den Schultern. Gemeinsam betteten sie Eli auf das Fell, rückten ihn so nahe wie möglich an die Feuerstelle.

Josias kauerte unschlüssig neben dem Jungen nieder. Was konnte er noch tun? Stockend sagte er: „Ich bin zu spät zur Höhle gekommen. Das Paar aus Nazareth ist mit seinem Kind weitergezogen." Eine Weile blieb es still. Nur die Flammen knisterten. Während der Hirte einen Ast in das Feuer warf, wandte er sich an Josias.

„Nein, du bist nicht zu spät gekommen", widersprach er. Seine Stimme klang eine Spur freundlicher, heller. „Du hast doch Eli gefunden. Eli war für dich an der Krippe."

Josef Mohr

Stille Nacht, heilige Nacht

1. Stil - le Nacht, hei - li - ge Nacht! Al - les schläft, ein - sam wacht nur das trau - te, hoch - hei - li - ge Paar; hol - der Kna - be im lo - cki - gen Haar, schlaf in himm - li - scher Ruh, schlaf in himm - li - scher Ruh!

2. Stille Nacht, heilige Nacht!
Hirten erst kundgemacht,
durch der Engel Halleluja
tönt es laut von fern und nah:
Christ, der Retter, ist da,
Christ, der Retter, ist da.

3. Stille Nacht, heilige Nacht!
Gottes Sohn, o wie lacht
Lieb aus deinem göttlichen Mund,
da uns schlägt die rettende Stund,
Christ, in deiner Geburt,
Christ, in deiner Geburt!

Melodie: Franz Gruber

Inhalt

Quellenverzeichnis

Seite 6: *Fredrik Vahle,* „Die Geschichte vom kleinen Bären und von der langen, kalten Winternacht". © Copyright 1986 Gertraud Middelhauve Verlag, München.

Seite 8: *Mascha Kaléko,* „Der Winter". © Hunzinger Bühnenverlag, Bad Homburg.

Seite 8: *Christine Busta,* „Für den Winterabend"; aus: Sternenmühle. © Otto Müller Verlag Salzburg, 6. Auflage 1985.

Seite 10: *Otfried Preußler,* „Gute Nacht, kleiner Wassermann"; aus: Der kleine Wassermann. © by K. Thienemanns Verlag, Stuttgart–Wien.

Seite 11: *Hans Baumann,* „Igelspaziergang im Winter". © by Elisabeth Baumann, Murnau.

Seite 14: *Katrin Arnold,* „Es schneit"; aus: Der Sternenwagen. © 1983 Verlag Heinrich Ellermann, München.

Seite 15: *Eva Marder,* „Der kleine Straßenkehrer und das Engelshaar"; aus: Berta Hofberger, Der Stern im Brunnen. © Ehrenwirth Verlag, München.

Seite 16: *Josef Guggenmos,* „Ich male mir den Winter". © beim Autor.

Seite 18: *Wilhelm Nünnerich,* „Eisblumen". © beim Autor.

Seite 19: *Robert Einick/Dorothée Kreusch-Jacob,* „Der Schneemann auf der Straße". © bei Dorothée Kreusch-Jacob.

Seite 20: *Fredrik Vahle,* „Schnee"; aus: Weihnachtsgrüße. © Copyright 1986 Gertraud Middelhauve Verlag, München.

Seite 21: *Josef Guggenmos,* „Warum es keine Weihnachtslärchen gibt". © beim Autor.

Seite 24: *Gustav Sichelschmidt,* „Dezember". © beim Autor.

Seite 25: *Maria Ferschl/Heinrich Rohr,* „Wir sagen euch an den lieben Advent"; aus: „Weihnachtssingbuch. © Christophorus Verlag, Freiburg.

Seite 26: *Mira Lobe,* „Ronnis allererster Advent". © Claudia Lobe-Janz, München.

Seite 32: *Mascha Kaléko,* „Advent". © Hunzinger Bühnenverlag, Bad Homburg.

Seite 32: *Fredrik Vahle,* „Advent, Advent"; aus: Weihnachtsgrüße. © Copyright 1986 Gertraud Middelhauve Verlag, München.

Seite 33: *Rolf Krenzer,* „Barbarazweige". © beim Autor.

Seite 34: *James Krüss,* „Am Tage von Sankt Barbara". © beim Autor.

Seite 35: *Willi Fährmann,* „Wichteln". © beim Autor.

Seite 37: *Marieluise Bernhard-von Luttitz,* „Bumfidel möchte sich freuen"; aus: Bumfidel lacht sich krank. Rotfuchs 85. © Copyright 1975 by Rowohlt Taschenbuch Verlag GmbH, Reinbek.

Seite 38: *Dagmar Chidolue,* „Millie und der Adventskalender"; aus: Millie feiert Weihnachten. © Cecilie Dressler-Verlag, Hamburg 1992.

Seite 42: *Renate Schupp,* „Der Schächtelchen-Kalender"; aus: Adventskalender IN UNSEREM HAUS SOLL FREUDE SEIN. © Verlag Ernst Kaufmann, Lahr.

Seite 45: *Margret Rettich,* „Komm, wir spielen Weihnachten". © Ravensburger Buchverlag.

Seite 47: *Rolf Krenzer,* „Cornelia und das Räuchermännchen"; aus: Vorlesezeit im Kindergarten. © Verlag Ernst Kaufmann, Lahr.

Seite 49: *Barbara Bartos-Höppner,* „Schnüpperle backt Pfefferkuchen"; aus: Schnüpperle. 24 Geschichten zur Weihnachtszeit. © 1969 C. Bertelsmann Verlag GmbH, München.

Seite 51: *Sybil Gräfin Schönfeldt,* „Der Bäckerengel". © bei der Autorin.

Seite 54: *Angelika Mechtel,* „Der Engel auf dem Dach". © 1989 by Loewes Verlag, Bindlach.

Seite 58: *Ursel Scheffler,* „Auf dem Christkindlmarkt"; aus: Ursel Scheffler/Barbara Moßmann, Adventskalendergeschichten. © Verlag Herder, Freiburg 4. Auflage 1993.

Seite 61: *Ursel Scheffler,* „Vorweihnachtstrubel"; aus: Adventskalendergeschichten. Ebd.

Die Herausgeberin: Sabine Schuler wurde 1956 in Trossingen geboren. Sie studierte Germanistik, Anglistik und Pädagogik. Nach einem kurzen Abstecher ins Lehramt konnte sie endlich das tun, wovon sie immer geträumt hatte: Bücher machen. Sie arbeitete als Redakteurin für Kinder- und Jugendbücher und ist seit der Geburt ihrer Kinder, Nina und Markus, als freie Herausgeberin und Übersetzerin tätig.

Die Illustratorin: Christine Georg wurde 1958 in Iserlohn geboren. Sie hat an der Fachhochschule Dortmund Grafik-Design studiert und malt seit 1987 für Schul- und Kinderbuchverlage. Katze Minnie ist übrigens immer dabei. Für Ravensburger zeichnete sie unter anderem die Bilder zum „Ravensburger Buch der Gutenacht-Geschichten" und zu den Geschichten über die kleine Lena, Katze Mimi und Hund Toto.

Die Deutsche Bibliothek – CIP-Einheitsaufnahme

Das Ravensburger Buch der Advents- und Weihnachtsgeschichten /
hrsg. von Sabine Schuler.
Mit Bildern von Christine Georg. –
Orig.-Ausg. –
Ravensburg: Ravensburger Buchverl., 1996
ISBN 3-473-34263-7

4 3 2 1   96 97 98 99

Originalausgabe als Anthologie
1996 Ravensburger Buchverlag

Quellennachweis siehe Seite 157

Umschlagillustration: Christine Georg
Redaktion: Hjördis Fremgen

ISBN 3-473-34263-7